너는 절대
혼자가 아니야

아이와 함께하는 환상적인 명상 여행

너는 절대
혼자가 아니야

디르크 그로서, 제니 아펠 지음

추미란 옮김

불광출판사

차례

명상 여행

서문

이 책은 2013년에 처음 출간되었다. 당시 제목은 『너는 절대 혼자가 아니야(Du bist nie allein)』였고 만듦새는 소박했다. 우리는 명상과 모험을 매개로 세상과 그 속의 존재들을 하나로 묶어 주는 이야기를 쓰고 싶었고, 아이들이 주인공이 되어 직접 명상하고 모험할 수 있다면 더할 나위 없겠다고 생각했다. 그런 우리의 소망에 답하듯 책은 금방 베스트셀러 목록에 올랐고 지금까지 10쇄를 찍었다. 아이들만 이 책을 좋아한 것은 아니다. 많은 부모, 할머니와 할아버지, 유치원과 초등학교 교사, 어린이 테라피스트 및 요가 선생님도 이 책의 가치를 높이 평가했다. 아이들에게 용기를 주고, 자신의 강점을 알게 해 주고, 장애를 극복하게 하고, 즐겁게 긴장을 풀어 주고, 안정을 찾아 주고, 자신을 신뢰하게 해 준다는 점에서 말이다.

이번에 개정판을 내면서 이 책이 새 옷을 입게 되어 매우 기쁘다. 브리기테 쿠카의 환상적인 그림들을 보자마자 우리는 이 책이 드디어 임자를 제대로 만났다고 확신했다. 그녀의 그림 하나하나에 흐르는 뛰어난 표현력, 빛나는 개성, 섬세한 생동감이 이야기의 의도와 훌륭하게 조화를 이루어서 우리는 계속 즐겁게 페이지를 넘겨 보게 된다(단, 한국어판에는 그림을 싣지 않았다). 내용은 약간의 교정과 확장을 거쳤고 두 가지 여행이 추가되었다. 난쟁이, 사자, 용, 야생마 외에 어리지만 용감한 양과 유쾌한 바다표범도 만나 보게 될 것이다.

우리는 아우룸(Aurum) 출판사와 캄프하우젠(Kamp-hausen) 미디어 그룹이 보여 준 신뢰와 믿음에 감사하고, 무엇보다 고무적인 조언과 후원을 아끼지 않은 아니카 훅-캄프하우젠에게 감사한다.

이 책이 아이와 어른 모두에게 깊은 경험을 선사하는 좋은 여행이 되었으면 한다. 무엇보다 내면의 자신을 만나고 내면의 힘, 그 원천을 만나는 여행이 되어 주길 바란다.

디르크 그로서, 제니 아펠
2019년 가을

들어가는 말

어릴 때 당신의 방에서 살던 존재들을 아직 기억하고 있는가? 동화나 옛날 이야기책에서 만나 즐겁게 함께 놀았던 존재들 말이다. 어쩌면 당신은 용을 기억할지도 모른다. 용의 등에 올라타 함께 적을 물리치곤 했다면 말이다. 아니면 황홀하게 예쁘면서 소원까지 들어주었던 요정이나 당신만 들어갈 수 있는 비밀 숲에 살던, 당신만큼 작지만 아주 충실한 친구였던 난쟁이를 기억할지도 모른다. 어쩌면 말하는 동물이나 상상의 동물을 기억할 수도 있다. 당신은 그 동물들과 함께 모험을 떠났을 수도 있고 그들에게 무거운 마음을 털어놓았을 수도 있다.

　아이들은 어른들이 상상하는 것보다 훨씬 더 마술적이고 특이한 존재들을 매우 실재처럼 상상해 낸다. 하지만 조금만 기억을 더듬어 본다면, 혹은 아이와 함께 살아가는 행운이 더해진다면, 어른들에게도 가끔 마술이 찾아와 영혼을 다시 환상의 왕국으로 데려가 줄 것이다. 그 존재들은 우리를 강하게 만들었고 우리에게 용기, 우정, 성실, 정직, 친절이 무엇인지 보여 주었다. 두려운 일을 함께해 주었고 아무에게도 말할 수 없는 걱정스러운 일이 있을 때 우리 곁에 있어 주었다. 그들은 우리의 꿈속에 있었고 일상에도 있었다. 그렇게 두 영역 사이의 경계를 없애 주며 우리의 삶을 특별하고 다채롭게 만들어 주었다.

지금도 그 존재들은 우리와 우리 아이들에게 기쁜 마음으로 이야기를 들려주고 자신들이 가진 원형의 에너지를 전달하고 싶어 한다. 그러니 환상의 세계로 들어가 보자. 다른 세계가 열리는 시간으로 들어가 보자. 우리 안에 원형으로 정박해 있는 영혼의 세상으로 들어가 보자.

이 책이 소개하는 명상과 환상 여행의 목적은 원형 에너지와의 연결을 강화하고, 아이들이 안전함을 느끼고 안심할 수 있는 공간을 제공함으로써 흥미진진한 모험을 경험하게 하는 것이다. 부모·조부모·위탁 부모·양부모·재혼가정의 부모 가릴 것 없이 누구든 이 여행기를 읽어 주며 아이들 곁에 있어 준다면, 그 순간 아이들과 함께 여행하며 모험을 공유하고 함께 배우고 성숙할 것이다. 친구가 되어 서로의 내면을 자라게 하는 동행자가 될 것이다.

　이 책을 읽는 모든 '여행자'에게 마법 같은 일이 일어나길 바란다. 마법의 세계로 들어가 일상의 문제들에 대한 놀라운 해결책을 찾아내기를 바란다. 다른 세계로의 모험과 경험이 우리와 우리 아이들을 더 강하게 만들어 줄 것이다!

영성과 명상

세상의 거의 모든 영적 전통에서 명상(冥想) 혹은 관상(觀想)은 어떤 형식으로든 중요한 역할을 해 왔다. 예로부터 인간은 내면에 몰두해 그 안에서 신성을 발견하고 그것을 다양한 이름으로 불러 왔다. 말하자면 영적 세상과의 연결은 종교와 상관없이 모든 명상가가 경험할 수 있다는 뜻이다. 그것이 명료한 정신이든, 고요와 안정이든, 신성 혹은 동식물 혹은 조상과의 연결이든 말이다.

　　우리는 모든 실체, 모든 존재, 그리고 원천과 연결되는 가장 깊은 차원으로 들어갈 수 있다. 그곳에서 우리는 인간성과 신성을 함께 발견한다. 연약함과 강인함, 온순함과 야성, 우리의 가장 깊은 진실을 발견한다. 또한 그곳에서 우리는 이 세상을 살아가게 하는 약동하는 심장과 살아 있음을 느낀다. 이런 보이지 않는 연결성을 경험하게 하고 그것을 어떤 아름다움과 선함으로 느끼게 해 주는 것이 명상이다. 명상으로 우리는 매 순간을 새롭고 영원하게 살아가는 가운데 존재하는 모든 것을 있는 그대로 바라볼 수 있다.

　이 모든 말이 아주 거창하게 들릴 수도 있고 너무 이론적으로 들릴 수도 있다. 하지만 사실 간단한 문제이다. 명상은 기본적으로 간단하다. 마음을 고요히 하고 몸에 공감한 다음, 그러니까 처음으로 몸을 제대로 느껴 본 다음 호흡을 관찰하고 생각이 떠오르면 그것을 하늘에 지나가는 구름처럼 여기며 잠시 생각에서 벗어나기만 하면 된다. 삶에서 이런 휴식은 꼭 필요하다. 왜냐하면 우리 정신은 계속해서 새로운 것, 아이디어, 이론, 공상에 휘둘리고 동시에 모든 것을 끊임없이 자기 자신으로 귀결시키며 자기 중심성에서 벗어나지 못하기 때문이다. 급기야 자신을 가혹하게 평가하고 심판하면서 과거에 집착하거나 미래에만 몰두한다.

　이런 정신의 쳇바퀴에서 잠시나마 벗어나고 긴장으로 푸는 데 명상만큼 좋은 도구가 없다. 물론 명상의 이로움은 이뿐만이 아니다. 명상을 통해 우리는 살짝 비켜서서 현재를 인식하는 순간, 즉 진정으로 지금 이 순간에 존재하는 순간을 처음으로 허락받는다. 과거의 문제들이 아무 역할을 하지 못하고 미래의 문제들도 아직 일어나지 않은 그 드문 순간에 우리는 자신에 대한 통찰을 얻는다. 조금 전까지만 해도 극복할 수 없을 것 같던 문제를 적당한 거리에서 요리조리 살펴볼 수 있고, 그러면 더 이상 그 문제는 중요하게 느껴지지 않는다. 대신 그것들에 적절한 위상이 주어진다. 이런 방식으로 명상은 한층 깊은 내면의 평화를 선사한다. 이 평화 안에서 우리의 직관(더 높은 자아)은 비로소 자신을 드러내고 진정한 존재감을 알릴 기회를 얻는다.

이 책에서 소개하는 환상적인 명상 여행을 따라가다 보면 조금씩 마음이 평화로워지고 열리면서 정신이 긍정적인 이미지들을 '받아들이게' 될 것이다. 그 결과 제대로 '보게' 될 뿐 아니라 자신만의 지혜를 발견하고 그것에 대한 믿음이 점점 커져 갈 것이다. 더불어 이미지를 통해 영혼과 소통함으로써 나와 영혼의 더 깊은 영역으로 들어가는 문을 발견하게 될 것이다. 즉 당신의 영혼이 이미지라는, 우리가 이해할 수 있는 언어를 갖게 되는 것이다.

영성은 형태를 막론하고 기본적으로 자신을 기억하기 위해 가는 길이다. 우리 안에 이미 모든 것이 존재하므로 우리는 단지 그것에 가닿기만 하면 된다. 이를 위해 반드시 종교, 사제, 구루가 필요한 것은 아니다. 인생에서 정말로 중요한 질문에 대한 답을 줄 수 있는 사람은 오직 나 자신뿐이다. 명상으로 이러한 내면의 지혜를 얻을 수 있다. 내면의 지혜는 이미지, 말, 비전 혹은 깊은 침묵을 통해 우리에게 말을 건넨다.

아이들도 내면의 지혜를 가지고 있다. 아마 어른들보다 훨씬 더 분명하고 많은 지혜를 가지고 있을 것이다. 따라서 내면과의 연결을 강화하는 것은 아이들을 위해서 그리고 아이들이 앞으로 만들어 나갈 가치 있는 미래를 위해서도 매우 중요하고 더할 나위 없이 좋은 일이다.

아이들에게 명상이 좋은 이유

아이들은 종종 자연스럽게 명상 상태에 들어간다. 예를 들어 놀이 시간이나 공작 시간에 아이들은 지금 이 순간에 존재하며 굉장한 집중력을 보여 준다. 플라스틱 장난감 동물을 장난감 농장이나 동물원에 배치할 때, 인디언 공주로 변장할 때, 레고 블록으로 공룡들을 위한 성을 지을 때, 얼마나 집중하는지 옆에서 무슨 말을 해도 듣지 못할 정도이다. 그런데 요즘은 저학년 때부터 학교에서 요구하는 것들이 너무도 많고, 가정이나 친구 사이에서 벌어지는 문제가 적지 않아서 어린 나이에 쉽게 균형을 잃기도 한다. 미디어나 인터넷이 제공하는 과도한 오락거리로 인해 점점 더 많은 청소년이 신경 쇠약과 주의력 결핍 문제를 겪고 있음은 더 말할 필요도 없다.

이 책으로 아이들과 함께 영혼의 여행을 떠나는 일은 일상에 휴식을 부여하고 마음의 정박지를 만들어 준다는 점에서 매우 바람직하다. 약간의 '모험'이 수반되는 이 여행을 위해 우리는 마음의 평화와 균형을 찾는

데 도움이 되는 단어를 적극적으로 사용했으며 잔잔하고 자연스러운 이미지가 이어지도록 이야기를 구성했다. 이 책을 통해 아이들은 신나게 뛰어노는 여행이 아니라, 조심조심 내면으로 들어가 힘을 비축하고 그곳에서 떠오르는 이미지 안에서 집 같은 아늑함을 느끼는 여행을 떠나게 될 것이다.

여행 중 동물이나 우화 속 존재들과 만나 그들이 가진 원형적 성질과 하나가 됨으로써 아이들은 세상에 대한 믿음을 얻고 자신이 언제나 보살핌과 보호를 받고 있음을 느끼게 될 것이다. 또한 저만의 개성을 지닌 '친구들'과의 만남을 통해 자신만의 특별한 존재 표현 방식이 얼마나 중요한지 깨닫게 될 것이다.

이 책에서는 모든 아이가 사랑의 포옹을 받고 아무 조건 없이 환영받는다. 안타깝게도 살면서 우리는 언제나 이런 경험을 하지는 못한다. 아이들은 어린 나이에 너무 자주 사람들이 자신에게 어떤 기대를 하는지, 그 기대에 어떻게 부응해야 하는지에 대한 압박을 받는다. 착하게 행동해라, 가능한 한 조용히 있어라, 집중해라, 장난치지 마라… 이런 압박을 받을 때 많은 아이가 자신이 '옳지 못하다'라는 느낌을 받는다. 그 느낌은 자라면서 더 강해질 수 있고 심지어 다양한 정신적 문제를 불러일으킬 수 있다. 이 책에 소개된 여행들은 아이들에게 자신감을 심어 주고 자기만의 방식으로 얼마나 많은 일을 할 수 있는지를 보여 준다.

우리는 초등학교에서 아이들을 대상으로 명상 세미나를 하곤 하는데, 그때마다 명상을 통해 아이들이 일상의 불안에서 벗어나 자신감을 되찾는 모습을 목격한다. 수면 장애, 동요 증상, 주의력 결핍 등도 눈에 띄게 줄어듦을 볼 수 있다. 자폐아도 명상 여행에 아주 훌륭하게 반응한다. 게다가 명상 여행은 자연과의 연결성을 강화해 주기 때문에 명상 후 아이들이 자발적으로 자연에서의 체험을 원하게 된다. 최근 들어 아이들 사이에 자연결핍증후군이 늘고 있음을 고려할 때 이는 시사하는 바가 크다.

하지만 우리가 생각하기에 이 명상 여행이 효과가 좋은 이유는 무엇보다 재미있기 때문이다. 우리의 경험상 아이들은 의지할 수 있는 사람과 함께하는 환상 여행을 매우 좋아한다. 부모와 아이가 함께하는 '동반 여행'은 두고두고 서로 이야기 나눌 수 있는 진정한 체험이 되고, 단순히 역사책을 읽어 주는 것보다 부모와 자녀 사이의 유대를 더 강화해 준다. 뿐만 아니라 아이와 세상 사이의 관계도 강화하는데, 이것 역시 마찬가지로 매우 중요한 일이다.

우리는 자주 아이들이야말로 이 세상의 미래라고 말한다. 그런데 정말 그렇게 의식하고 있는가? 지금의 아이들은 미래의 성인이자 결정권자이다. 단순한 양육자가 아닌 동행자로서 우리의 책임은 아이들이 모든 생명체와 연결되어 있음을 느끼게 해 주고, 인류에 속하든 다른 종에 속하든 궁극적으로 모든 생명이 논란의 여지 없이 똑같이 가치 있음을 알려 주는 데 있다. 정신적으로 건강한 사람은 세상에서 소외되지 않고 그 속에서 굳건하게 설 수 있다. 이것이 세상, 동료 인간, 동료 생명체와의 관계에서 매우 중요한 점이다.

이 책이 소개하는 내면으로의 여행을 통해 아이들은 자신이 상호작용하는 하나의 거대한 공동체의 중요한 일부임을, 둘·넷·여섯·여덟 개의 발을 가졌거나 혹은 다리 없이도 잘 살아가는 모든 (동물) 친척들에 둘러싸여 있는 존재임을 깨달을 것이다. 다시 말해 자신이 세상 바깥에 있는 관찰자나 부당이득자가 아니라 세상에 속해 있는 존재임을 알게 될 것이다. 또한 삶의 경이

로움을 만끽하고, 자신이 커다란 원의 일부임을 혹은
커다랗고 안락한 둥지에 머물고 있음을 느낄 것이다.
그럼으로써 안심하며 자라고 성장할 것이다.

여행을 준비하고 떠나는 법

앞에서 언급했듯이 아이들은 가르쳐 주지 않아도 명상하는 법을 잘 알고 있다. 그래서 아주 약간의 도움만 주면 된다. 이를테면 싱잉볼을 이용해 간단한 명상 연습을 해 볼 수 있다. 싱잉볼을 칠 테니 아이에게 언제까지 소리가 울리는지 잘 들어보라고 말한다. 그러면 금세 딴생각을 하는 어른들과 달리 아이들은 울림이 끝날 때까지 굉장한 주의력을 보여 준다. 만약 아이가 명상이 무엇인지 묻는다면 이 싱잉볼 명상을 한번 시도해 보라. 그런 다음 아이에게 "방금 한 게 바로 명상이고 마음챙김이야"라고 말해 주면 된다.

사실 이 연습은 세계 종교들의 다양한 신비주의 분파에서 가르치는 일반적인 명상과 크게 다르지 않다. 다만 고요히 앉아서 하는 일반적인 명상은 아이들에게 대부분 별 효과가 없을 것이다. 모르긴 몰라도 지루해하는 아이들이 대부분일 것이다.

그러나 이 책은 머릿속에서 이루어지는 작은 모험이자 사파리 여행, 상상의 광야로 떠나는 소풍 같은 명상 여행이다. 아이가 주인공이 되어 요정, 용, 난쟁이, 인디언, 사제, 말하는 거북이, 흰 사슴, 바다표범을 만나고 심지어 달 할머니도 만나게 되는 흥미진진한 모험 이야기이다.

여행 시간은 지정된 구간에서 얼마나 휴식을 취하는가에 따라 달라지겠지만 대개 10분에서 15분 정도 걸릴 것이다. 휴식 구간은 '～◯'로 표시해 두었다. 이때는 아이에게 내면의 이미지를 제대로 살필 시간 혹은 그때그때 만나는 존재와 대화할 시간을 주어야 한다. 휴식은 심호흡을 세 번에서 다섯 번 정도 하는 시간이면 충분하다. 일부러 시간을 잴 필요는 없고 자신의 감을 신뢰하면 된다. 계속 읽어야 할 것 같은 때가 오면 저절로 알아차리게 될 것이다.

한편 여행 중 가끔씩 동물 혹은 우화 속 존재가 자녀의 이름을 부를 때가 있는데, 바로 _____로 표시해 둔 곳들이다. 여기에 자연스럽게 아이의 이름을 넣고 읽어 주면 아이가 이야기를 개인적으로 받아들이기 쉬울 것이다.

명상은 방해받지 않는 공간에서 진행하고, 이야기를 읽어 주는 사람도 마음을 고요히 하는 것이 좋다. 컴

퓨터나 전화기는 꺼 두고 가능하면 초인종 소리도 들리지 않게 해 둔다. 15분간은 이메일도 전화도 손님도 받지 않는다. 이 시간에는 아이와 아이가 할 체험이 무엇보다 중요하다.

여행을 위한 장소를 찾았다면 그곳에 아이와 함께 앉는다. 아이 방의 소파나 침대, 거실에 있는 소파나 바닥에 방석을 깔고 앉아도 좋다. 다만 어디에서 여행을 시작할지는 아이가 스스로 정하도록 한다.

아이가 편한 자세를 취하게 한 다음 천천히 그리고 분명한 목소리로 이야기를 읽어 나간다. 등장인물에 따라 목소리 톤을 바꿀 수도 있지만 반드시 그래야 하는 것은 아니다. 누가 말을 하든 아이는 그 즉시 알아차릴 테고, 어차피 아이의 상상 속에서 부모의 목소리는 평소 부모의 목소리와는 다르게 들릴 것이다.

모든 여행은 호흡을 알아차리며 마음을 고요히 하는 것으로 시작한다. 이는 매우 중요하며 점차 그것이 아이의 몸과 정신에 울리는 신호가 되어 줄 것이다. 내면 여행의 시작을 알리는 출발 신호 말이다. 그러면 내면 세상 혹은 다른 세상으로 들어가는 일이 점점 쉬워진다. 이야기를 읽어 주는 사람이 먼저 심호흡하면서 자연스럽게 아이에게 따라 해 보라고 권하면 좋다.

여행의 순서는 그때그때 아이가 흥미로워하는 제목에 따라 이어 가면 된다. 다만 '힘을 주는 동물을 찾아서' 편과 '특별한 힘의 수호자' 편은 여행에 조금 익숙해진 다음에 해 보길 권한다. 특별히 '제사장과 치유의 샘' 편은 감기나 배탈이 나서 아픈 아이들에게, '땅꼬마 요정들과 땅 어머니' 편은 현재 정신적으로 힘든 일이 있어서 도움이 필요한 아이들에게 적합한 이야기이다. 이 밖에도 각각의 여행이 어떤 경우에 더 도움이 되는지 서두에 짧게 정리해 두었으니 참고하기 바란다.

여행을 마친 후에는 잠시 시간을 내어 아이에게 여행에 대해 하고 싶은 말이 있는지 묻고, 있다면 잘 들어주어야 한다. 그게 무엇이든 아이들이 하는 말은 모두 그들에게 아주 중요한 문제이다. 그렇다고 아이가 하는 말을 일일이 다 해석해 줄 필요는 없다. 아이 스스로 길을 찾고 답을 깨닫도록 해 주는 게 중요하다. 아이의 말을 경청하고 아이의 내면 경험에 진심으로 관심을 보여주기만 하면 된다. 다시 말해 그저 아이와 함께 놀라기만 하면 된다!

아이가 특히 인상 깊어 하는 동물이 있다면, 솜·나

무·플라스틱으로 된 비슷한 인형을 선물해 줌으로써 그 동물이 전하는 에너지를 일상에서도 경험할 수 있게 해 줄 수 있다. 이는 아이가 여행 중 책에 등장하는 동물 외에 다른 힘을 주는 동물을 (스스로) 찾아낼 때 특히 권장한다. 아이가 원한다면 특정 동물에 관한 다른 책을 보여 주거나 읽어 주는 것도 좋다. 그렇게 하면 아이가 동물 자체는 물론, 그 동물이 구현하는 긍정적인 에너지와 더 강하게 연결되고 자신에 대해서도 더 많이 배울 수 있다.

여행은 너무 자주 하지 않는 게 좋다. 여행을 할지 말지, 언제 시작할지는 아이 스스로 정하게 한다. 잠들기 전 동화책을 읽어 주는 대신 명상 여행을 떠나자고 제안할 수 있지만 항상 결정은 아이 스스로 내려야 한다. 다년간의 경험에 비추어 볼 때 아이들은 자주 자진해서 여행을 떠나고 싶어 할 것이다.

아이가 명상 여행을 좋아하더라도 하루에 두 번 연달아서 하지는 않는다. 여행에서 받은 인상들이 뒤섞여서 헷갈릴 수 있기 때문이다. 그보다 명상 여행을 규칙적이고 특별한 의식으로 만드는 편이 좋다. 아빠와 매주 한 번 하는 여행 혹은 일요일 아침에 엄마와 함께하는 명상 같은 이름을 붙여 주는 것이다. 이 외에도 당신만의 좋은 방법이 떠오를 것이다.

여행에서 '돌아온' 다음에는 여행 내용을 바탕으로 아이의 장난감을 가지고 역할 놀이를 하면 큰 도움이 된다. 그러면 아이가 여행 경험을 더 잘 소화하고 체화할 수 있으며, 덤으로 엄마 아빠와 함께 보내는 시간도 늘어난다!

이 여행들이 제공하는 긍정적인 결과는 아이의 상상력만큼이나 다양하다. 그동안의 경험에 비추어 볼 때, 우리는 이 여행이 아이는 물론이고 함께 여행하는 어른에게도 매우 이롭다고 확신한다.

명상 여행

난쟁이의 황금 구슬

이 여행은 아이에게 자신이 모든 존재로 구성된 대가족 혹은 생명의 커다란 원 안에 포함된 존재임을 알려 준다. 이 가족 혹은 생명의 원이 아이가 디디고 설 땅이다. 이 여행을 통해 아이는 자신을 강하게 만들어 줄, 어디든 가지고 다닐 수 있는 귀중한 선물을 받게 될 것이다.

⋮

자, 눈을 감고 깊이 숨을 들이쉬고 내쉬어 봐. 그렇게 세 번 해 보는 거야.

너는 지금 어떤 들판에 앉아 있어. 들판 끝에는 숲이 있어. 하늘은 파랗고 작은 구름이 몇 개 떠다니고 있어. 그리고 커다란 태양이 환하게 빛나고 있어. 햇살이 네 머리 위에도 내려와. 얼굴이 따뜻해지고 목, 어깨, 팔, 손도 따뜻해져. 따뜻함이 온몸을 타고 내려와. 가슴, 등, 다리, 발, 발가락까지 따뜻해져. 발가락이 얼마나 따뜻한지 느껴 봐. 태양이 너를 조금 간지럽히고 싶은가 봐.

발가락이나 코끝이 조금 간지럽지 않은지 느껴 봐.

꿈꿈

숨소리가 차분해졌어. 너는 들판을 둘러보고 있어. 풀들이 아주 푸르고 싱싱해. 여기저기에 꽃 더미도 보여. 좀 떨어진 곳에는 키 작은 나무들이 보여. 그래, 숲이야. 키 작은 나무들 뒤에는 키 큰 나무들도 많아. 초록색 친구들이 나란히 줄지어 서 있는 게 보여.

숲을 바라보고 있는데, 키 작은 나무 사이로 작고 빨간 모자가 하나 보여. 모자가 앞뒤로 또 위아래로 움직여. 너는 자리에서 일어나 숲 쪽으로 걸어가. 천천히 그리고 조심조심. 가까이 다가가 보니 빨간 모자 아래 반짝반짝 빛나는 눈, 동글동글한 코, 덥수룩한 수염이 보여. 작은 얼굴을 가진 누군가가 짓궂은 표정으로 웃고 있어. 방금 숲에서 나온 난쟁이야. 얼마나 작은지 키가 네 허리에 겨우 닿을 정도야.

난쟁이가 반갑게 인사를 건네며 자기가 사는 마을에 가 보지 않겠냐고 해. 친구들을 소개해 주겠대. 착한 난쟁이들은 언제나 아이들을 좋아하지. 어른들은 조금 싫어할 때도 있어.

너희 둘은 함께 숲으로 들어가. 땅 위로 드러난 나무뿌리와 오래전에 떨어진 나뭇가지를 넘으면서 계속 걸어가. 한참을 걸었더니 이끼가 덮인 자그마한 평지가 나오네. 나무 사이로 비치는 햇살이 이끼, 버섯, 고사리, 나무 그루터기 위로 군데군데 황금색 얼룩무늬를 만들고 있어.

어디선가 기분 좋은 노랫소리가 들려. 그러더니 어떤 나무 뒤에서 난쟁이들이 하나둘씩 나타나. 다들 빨간 모자를 쓰고 가죽조끼를 입고 작은 장화를 신고 있어. 난쟁이들이 둥글게 원을 그리며 서더니 서로의 손을 잡아. 너도 그들 틈에 함께 있어. 난쟁이들이 네 오른손과 왼손을 잡고 서 있어. 갑자기 노래가 멈추고 아주 조용해져.

"안녕? 우리는 난쟁이들이야."

하얀 수염을 기르고 빨간 모자 대신 초록 모자를 쓴 난쟁이가 말해.

"오늘 아주 특별한 손님이 우리를 찾아왔군. 아이들은 마음이 깨끗해서 우리를 볼 수 있지. 오늘 그런 아이가 한 명 우리를 찾아왔어."

초록 모자 난쟁이가 네 눈을 들여다봐.

"우리 숲과 우리 세상에 온 걸 진심으로 환영해. 눈을 감고 우리와 함께 땅의 노래를 부르자. 이 노래가 우리에게 힘을 줘. 우리가 모두 한 가족임을 알게 해 주지. 우리 난쟁이들, 나무들, 사람들, 동물들, 식물들, 요정들, 숲과 용들, 산들이 모두 한 가족이야."

난쟁이들이 모두 눈을 감고 낮은 목소리로 흥얼흥얼 노래를 부르기 시작해. 가사가 없는 노래지만 왠지 너도 아는 노래 같아.

이건 세상의 모든 친구에 관한 노래야. 너도 그들 중 하나라는 걸 너는 잘 알고 있어. 네 자리가 어디인지 잘 알아. 여기, 모든 것의 중심이 바로 너의 자리야!

너도 같이 노래를 불러. 조금씩 땅에서 샘솟는 힘이 느껴져. 땅의 힘이 발과 다리를 통해 몸속으로 들어와 온몸으로 퍼져 나가. 들판에 앉아 있던 너를 태양이 따뜻하게 비춰 주었던 것처럼, 이제 땅과 흙에서 나온 힘이 너를 따뜻하게 해 주고 있어.

너는 굉장히 강해진 것 같아. 땅이 너를 보살피고 너에게 필요한 모든 것을 가져다줘. 너는 절대 혼자가 아니야. 보이는 친구들, 보이지 않는 친구들, 크고 작은 친구들이 언제나 너와 함께 있어.

〰️

서서히 노래가 끝나 가. 난쟁이들이 한 명씩 흥얼거림을 멈추고 있어. 마침내 네가 노래를 멈추자 주위가 다시 조용해져. 새소리가 들려. 한 마리가 지저귀자 다른 새가 대답하듯 지저귀네. 너는 천천히 눈을 떠. 난쟁이들이 모두 너를 보며 환하게 웃고 있어. 난쟁이 한 명이 말해.

"노래를 참 잘하는구나."

또 다른 난쟁이가 말해.

"그리고 노래를 잘 이해했어."

처음 들판에서 만났던 난쟁이가 앞으로 나오더니 돌아갈 시간이라고 해. 난쟁이는 손에 달걀만 한 크기의 황금 구슬을 들고 있어. 구슬에서 반짝반짝 빛이 나. 아주 작은 태양처럼 말이야. 난쟁이가 말해.

"이건 너에게 주는 선물이야. 이 구슬로 우리를 기

억해 주길 바랄게."

　네가 무릎을 구부리고 앉자 난쟁이가 조심스럽게
황금 구슬을 네 가슴 앞으로 가져와. 빛이 점점 강해지
더니 구슬이 네 가슴 속으로, 심장 속으로 들어가. 너는
아주 뿌듯한 기분이야. 가슴이 꽉 차고 기분이 좋아.

　난쟁이가 웃으면서 너를 보며 말해.

　"나중에 힘든 일이 있거나, 아프거나, 무섭거나, 슬
플 때가 오면 네 안에 있는 황금 구슬을 생각해. 그리고
우리가 함께 불렀던 땅의 노래를 기억하렴. 우리를 기
억하고, 우리가 서서 둥글게 만들었던 원을 떠올리렴.
그러면 넌 다시 그 원의 일부가 될 거야. 네가 얼마가 강
한 사람인지, 이 땅이 너를 얼마나 보살피고 있는지 기
억하렴. 너는 절대 혼자가 아니란 걸 기억해 줘."

　난쟁이가 너를 처음 만났던 숲의 입구로 데리고
가. 거기서 잘 가라고 인사를 해.

　"너의 삶에 기쁨이 있기를!"

　난쟁이가 나무 밑으로 사라져.

　너는 다시 푸른 들판에 앉아 있어. 깊이 숨을 들이

쉬고 내쉬어. 기분이 아주 좋아. 숲의 난쟁이들처럼, 하늘의 새처럼, 물속의 물고기처럼.

다시 숨을 세 번 깊이 들이쉬고 내쉬렴. 한 번 더 따스한 햇볕을 느껴 봐. 네 안에 있는 땅의 힘도 느껴 봐. 그런 다음 천천히 눈을 떠.

너의 하루가 기쁨으로 가득하기를, 너의 삶이 기쁨으로 가득하기를!

요정의 마법 가루

웃음과 가벼움을 선사하는 이 여행은 슬픔에 빠진 아이에게 특히 좋다. 또 매사에 지나치게 진지한 아이들이 삶의 마술에 감탄하며 즐겁게 살아갈 수 있도록 도와준다.

편하게 앉으렴. 원한다면 누워도 좋아. 어떤 자세든 네가 원하는 대로 하렴. 그런 다음 눈을 감고 숨을 세 번 깊이 들이쉬고 내쉬어 봐. 숨을 들이쉴 때 공기가 느껴져? 코와 목, 가슴과 배로 공기가 들어오는 게 느껴지니? 한 번 더 공기를 느껴 봐.

너는 지금 아름다운 정원의 잔디 위에 앉아 있어. 오른쪽에 커다란 꽃들이 보여. 보라색과 노란색 꽃이야. 왼쪽에도 커다란 꽃들이 있는데, 빨간색과 분홍색 꽃이야. 그 사이에도 다양한 색과 모양의 작은 꽃들이 가득해. 모두 햇살 아래에서 향기를 내뿜고 있어. 숨을 들이쉴 때마다 공기에 가득한 꽃향기를 맡을 수 있어. 꿀벌들이 여기저기서 윙윙대며 날아다니고, 정원을 둘러싸고 있는 크고 작은 나무 위에서 새들이 노래를 불러. 그 중간에 네가 조용히 앉아 있어. 어느새 너는 미소 짓고 있어.

갑자기 공기 중에서 무언가 퍼덕거리는 소리가 나. 새가 날아가는 소리는 아닌 것 같아. 소리가 너무 크거든. 너는 고개를 들어서 위를 올려다봐. 하지만 아무것도 보이지 않아. 점점 퍼덕거리는 소리가 커져 가. 아주 큰 새가 날갯짓하는 소리 같아. 그때 햇살 속에서 무언가가 반짝거리더니 네가 있는 정원으로 날개 달린 백마 한 마리가 내려와. 백마가 히잉 하는 소리를 내며 한 차례 콧김을 내뿜더니 갈기를 흔들어. 그리고 너에게로 다가와 고개를 숙이더니 자기 이마를 너의 이마에 가져다 대. 백마가 말해.

"나는 요정들이 보내서 왔어. 요정들이 너하고 놀고 싶대."

너는 백마의 목을 쓰다듬어. 털이 아주 하얗고 부드러워.

"내 등에 올라타렴. 이 정원보다 더 아름다운 곳으로 데려다줄게."

네가 잘 올라탈 수 있도록 날개 달린 백마가 등을 구부려 줘. 두 날개 사이로 네가 자리를 잡자마자 백마는 힘차게 일어나더니 날개를 펴고 하늘 높이 올라가.

꩜

바람결에 네 머리카락이 흩날리고 발아래 세상이 점점 작아져. 백마는 커다란 산맥을 향해 날아가. 네가 살던 집, 네가 놀던 골목, 네가 가는 학교 … 모두 조그맣게 멀어져.

햇살이 쏟아지는 날이지만 산꼭대기에는 구름이 걸려 있어. 백마는 산들 사이를 통과해서 날아가. 커다란 바위 절벽 사이에 푸른 계곡이 하나 보여. 계곡에 구불구불 물이 흐르고 있어. 계곡은 강이 되어 지평선으로 이어지고 너는 그 위를 날고 있어. 수많은 나무와 각양각색의 꽃으로 가득한 들판이 보여. 햇살 아래 은빛으로 흘러가는 강이 있고, 예쁜 색깔의 동그랗고 반들반들한 집도 아주 많아. 그 집에서 하나둘 요정들이 나오고 있어. 그러자 백마가 천천히 아래로 내려가며 착륙을 준비해.

　너희는 어떤 들판에 도착했어. 말 등에서 내린 네 곁으로 작은 아이만 한 요정들이 다가와. 요정들은 귀가 뾰족하고 색색의 옷을 입고 있어. 그리고 잠자리 날개처럼 섬세한 날개로 부드럽게 윙윙 소리를 내고 있어. 요정들의 웃음소리가 들려. 근처에서 흐르는 강물소리처럼, 나지막하지만 행복한 웃음소리야. 요정들이 너를 둘러싸더니 따뜻하고 상냥하게 인사를 건네.

　"안녕? 우리랑 놀자."

　요정 몇몇이 너에게 놀자고 해.

　"응? 우리랑 같이 놀자!"

　너희는 들판을 뛰어다니며 술래잡기도 하고, 다 함께 웃으며 떠들고 놀아. 요정들의 놀이에는 규칙이 없어. 숨는 요정도 있고, 다른 요정 뒤를 따라 날아가는 요정도 있고, 꽃밭에 앉아서 구경하는 요정도 있고, 마구 날아다니는 요정도 있어. 다들 즐거워하면서 말이야!

　너는 한참 동안 들판에서 뛰어놀고 강에서 수영도 해. 요정 둘이 양쪽에서 너를 잡아 줘서 아름다운 꽃들

위를 날아가기도 해. 신나게 웃고 놀았더니 마음이 가벼워졌어. 자기도 같이 놀자는 듯 내내 코를 간지럽히던 태양이 서서히 산 너머로 지고 있어. 이제 주위가 조용해졌어.

요정들이 모여서 둥글게 원을 만들더니 나뭇가지를 주워 와 중앙에 불을 피워. 타닥타닥 소리를 내며 불꽃이 타고 있어. 너는 신나게 노느라 공기가 차가워진 걸 전혀 몰랐지만, 요정들과 함께 따뜻한 불 앞에 있으니 포근하고 기분이 아주 좋아. 주변을 둘러보니 다들 행복한 얼굴을 하고 있어. 모두 서로를 보며 미소 짓고 있어. 네가 웃어 주니까 다들 좋아해. 그때 요정 하나가 네 앞으로 다가와. 요정은 손에 조그만 자루를 하나 들고 있어.

"이 안에 너에게 줄 선물이 하나 들어 있어. 우리는 네가 이 선물을 보면서 우리와 보낸 즐거웠던 하루를 기억하길 바라."

요정이 자루를 열더니 그 안에 있는 마법 가루 한 주먹을 꺼내. 요정의 손에 들려 있는 마법 가루가 은빛으로 반짝여. 요정은 네 눈을 오래 들여다봐. 너희는 둘 다 미소를 짓고 있어. 요정이 마법 가루를 너의 얼굴에 대고 불어. 네 얼굴은 온통 마법 가루로 반짝거려. 네 주변도 다 반짝거려. 반짝이는 구름처럼 마법 가루가 반짝거려.

　너는 숨을 들이쉬면서 마법 가루가 뿜어내는 빛을 한껏 들이마셔. 그 빛이 요정들의 웃음소리와 함께 네 심장 속으로 들어와. 요정들의 웃음이 네 심장 깊은 곳에 들어와 있어. 절대로 사라지지 않고 언제까지나 거기에 있을 거야.

　앞에 서 있는 요정이 가만히 너를 오래 바라봐. 그리고 말해.

　"이 마법 가루가 항상 너와 함께하기를. 네가 깊은 곳을 들여다볼 때마다 우리의 웃음소리를 듣기를. 슬프거나 아플 때 네 심장이 내는 소리에 귀 기울이길 바랄게. 그 속에 있는 우리 요정들의 웃음소리를 듣길 바랄게. 처음에는 소리가 너무 작아서 듣지 못할 수도 있어. 하지만 잘 들어보면 분명히 들릴 거야. 그리고 점점 커질 거야. 반짝반짝 빛을 내며, 불꽃을 튀기며, 낭랑한 소리로 흐르는 계곡물처럼 네 심장을 통해 흐를 거야. 그러면 너는 아주 가뿐해질 거야. 무슨 일을 하든 어렵지 않게 될 거야. 너는 우리에게 너의 시간을 선물해 주었고 우리와 함께 신나게 놀았어. 우리가 너에게 주는 마법의 선물은 웃음이야. 이 마법의 웃음이 영원히 너와 함께할 거야. 이제 너의 세상으로 다시 날아가. 이 웃음과 함께!"

너는 다시 날개 달린 백마의 등에 올라타. 너희가 날아오르자 요정들이 모두 손뼉을 치며 환호해. 너는 요정들에게 손을 흔들고 요정들도 너에게 손을 흔들어. 네 안에서 요정들의 마법과 웃음소리가 느껴져.

백마는 재빨리 산을 넘어 너의 정원으로 날아가. 말에서 내린 너는 작별 인사를 건네며 말의 이마에 너의 이마를 가져다 대. 백마는 하늘로 날아올라 요정들의 땅으로 돌아가.

너는 다시 너의 정원에 앉아 있어. 요정들을 만나기 전보다 정원이 더 아름다워진 것 같아. 요정들의 마법 덕분에 너는 모든 것을 있는 그대로 보게 되었어. 모든 것에 마법과 아름다움과 웃음이 가득해. 너는 그것들을 볼 수 있어!

다시 숨을 세 번 깊이 들이쉬고 내쉰 다음 천천히

눈을 떠. 너의 세상으로 돌아온 걸 환영해. 네 안에 있는
요정들의 웃음 덕분에 너의 세상이 매일매일 더 행복해
질 거야.

　너의 하루가 기쁨으로 가득하기를, 너의 삶이 기쁨
으로 가득하기를!

용들이 사는 동굴

아기 용과의 만남은 아이에게 자신이 이미 아주 용감한 존재임을 알려 주고, 어떻게 다른 사람을 도울 수 있는지를 보여 준다. 또한 '용의 힘'으로 상징되는 아이 내면의 건강한 자존감을 기분 좋게 고취한다.

편하게 앉으렴. 의자에 앉아도 좋고 바닥에 양반다리를 하고 앉아도 좋아. 어딘가에 기대앉아도 좋고 인형을 끌어안고 앉아도 돼. 아니면 누워도 좋아. 제일 편한 자세로 있으렴. 이제 눈을 감고 숨을 세 번 깊이 들이쉬고 내쉬어 봐.

공기가 네 코를 통해 가슴과 배로 들어갔다가 다시 나오고 있어. 느낄 수 있니? 숨을 들이쉴 때 배가 살짝 부풀어 오르고 숨을 내쉴 때 살짝 들어가는 게 느껴져? 한 번 더 숨을 깊이 들이쉬고 내쉬어 봐.

너는 지금 산 위를 걷고 있어. 키 작은 나무도 있고
키 큰 나무도 있어. 멀리 들판이 보이고, 빽빽한 나무 언
덕도 보이고, 물이 졸졸 흐르는 계곡도 보여. 네가 걷고
있는 길을 봐. 작은 돌이 있고 큰 바위도 있어. 이끼로 뒤
덮인 부드러운 돌도 많아.

❧

하늘이 참 맑아. 파란 하늘에 솜털 같은 조각구름
이 여유롭게 떠다녀. 너는 계속 걸으면서 주변을 탐험
해. 너에게는 시간이 많아. 그러니 편안하게 관찰하렴.

❧

얼굴에 닿는 따뜻한 햇살을 느껴 봐. 숨과 발걸음
도 느껴 봐. 너는 지금 아주 기분이 좋아. 그때 어디선가
훌쩍이는 것 같기도 하고 우는 것 같기도 한 조그마한
소리가 들려. 큰 소리는 아니지만 확실히 무슨 소리가
들려. 근처에서 나는 소리가 분명해. 주변의 나무들 사
이에 큰 바위가 보이는데 그 뒤에서 나는 소리 같아. 너
는 천천히 그곳으로 가. 더 확실히 보려고 수풀을 헤쳐
봐. 바위 틈에 뭔가가 있어. 아기 용이야!

너는 한동안 아기 용을 바라봐. 네가 그러는 걸 아는지 모르는지 아기 용은 울음을 멈추지 않아. 너는 아기 용을 달래 주고 싶어서 왜 그렇게 울고 있는지 물어봐. 그제야 아기 용이 놀라서 눈을 크게 뜨고 너를 바라봐. 너는 조심스럽게 더 다가가서 무엇을 도와줄까 물어봐. 그러자 아기 용이 말해.

"나는 길을 잃었어. 나도 친구들처럼 높이 날고 싶었는데… 그래서 막 연습했는데… 여기가 어딘지 모르겠어."

너는 아기 용이 왜 슬퍼하는지 알았어. 그래서 아기 용을 도와서 같이 집으로 가는 길을 찾고 싶어. 너는 아기 용을 안고 가고 싶어? 아니면 서로 손을 잡고 가 볼까? 아니면 멀리까지 볼 수 있게 둘이 함께 하늘 높이 날아 보면 아기 용의 집을 찾을 수 있지 않을까? 아기 용한테 어떻게 하고 싶은지 물어봐.

네가 도와주겠다고 하자 아기 용이 울음을 그치고 아주 좋아해. 너를 믿을 수 있다고 생각해서 너한테 자기 이야기를 들려줘.

"언젠가 나는 황금색의 아주 크고 지혜로운 용이 될 거야. 그래서 내 힘으로 사람들이 꿈을 이루도록 도울 거야! 나는 사람들이 자기가 정말로 잘하는 일을 하면서 행복했으면 좋겠어! 그래서 기쁜 마음으로 연습하는 거야."

그때 커다란 바위에 문이 하나 보여. 아기 용의 집으로 들어가는 문인 게 분명해. 너는 문을 가리키며 기쁘게 아기 용에게 말해.

"봐 봐. 여기야. 용들이 사는 동굴이야! 우리가 찾아냈어!"

너희 둘은 그 문으로 곧장 걸어가. 아기 용이 환하게 웃으며 너에게 말해.

"있잖아, 아직은 내 날개가 작지만 언젠가는 나를 거뜬히 들어 올릴 정도로 커질 거야. 확실해! 물론 어떤 날은 막 조급해져서 '도대체 나는 언제 큰 용이 되는 거야' 하고 생각할 때도 있긴 해! 너도 알 거야. 그런 날이 있다는 거. 가끔은 너도 그럴 때가 있지? 하지만 너무 조급해하거나 걱정하지 마. 너도 나처럼 자랄 거야. 그때가 되면 세상이 너에게 준 선물을 다른 친구들에게 나눠 줄 수 있을 거야."

너희는 용들이 사는 커다란 굴속으로 들어왔어. 너한테는 어쩐지 좀 어둡게 느껴져. 길이 잘 안 보이고 그 안에서 어떤 일이 기다리고 있을지 잘 모르겠어. 그때 아기 용이 이렇게 말해.

"무서워하지 않아도 돼. 너는 나를 구해 줬고 또 여기로 데려와 주었잖아. 너는 순수한 사람이야. 우리 용들은 그런 사람을 금방 알아차려! 용들이 인정하는 사람은 세상에서 무서워할 게 아무것도 없어."

너희는 나란히 동굴 속으로 더 깊이 들어가. 멀리서 빛이 깜빡이더니 갑자기 동굴이 환하게 밝아져. 그곳은 동굴의 중심이야. 장작불이 타고 있고 그 주위로 여러 마리의 용이 모여 있어. 황금색 용, 청동색 용, 빨간색 용, 초록색 용, 갈색 용도 있어. 어떤 용은 아주 크고 어떤 용은 작아. 너와 같이 온 아기 용처럼 아주 작은 용들도 있어. 용들이 모두 너를 보고 고개를 끄덕여. 허리를 숙여 인사하는 용도 있어.

아주 크고 화려한 용 두 마리가 무리에서 나와 너

희에게로 다가와. 용들의 왕과 왕비야. 두 용이 고맙다고 인사를 건네면서 너의 용기와 착한 마음을 칭찬해. 왕비 용이 말해.

"네가 참으로 착하고 용감한 일을 해 주었으니 우리가 아주 특별한 선물을 하나 주어야겠구나. 네가 이 선물을 볼 때마다 우리와 우리가 사는 이 세상을 기억할 수 있도록 말이야. 내 몸에서 초록색 비늘을 하나 떼어 너에게 선물하마. 이 비늘을 갖고 있으면 나의 힘을 가지고 있는 거나 마찬가지란다."

왕비 용이 피부에서 비늘 하나를 떼어 너의 심장에 가져다 대. 그리고 너에게 숨을 한 번 깊이 들이쉬고 내쉬라고 말해. 숨을 쉬면서, 너는 그 비늘이 빛을 내며 네 가슴 속으로 들어와 심장과 하나가 되는 것을 느껴. 온몸이 뭔가 달라진 것 같아.

다시 왕비 용이 말해.

"여기 용들의 왕도 너에게 선물을 하나 하고 싶으시다는구나. 이 선물은 너에게 특별히 고요한 지혜를 전해 줄 거야. 한 번 더 숨을 깊이 들이쉬고 내쉬려무나.

그리고 네 몸이 어떤 느낌인지 느껴 보렴."

용들의 왕이 피부에서 황금 비늘 하나를 떼어 아
주 조심스럽게 네 이마에 가져다 대. 이 황금 비늘도
빛나기 시작하더니 아주 천천히 네 이마 속으로 들어
가. 너는 마음이 아주 고요해져. 용들의 지혜가 느껴져.
오래오래 살아온 용들이 간직하고 있는 깊은 지혜가
느껴져. 그러는 동안 용들의 왕은 계속 미소를 띠며 너
를 바라보고 있어. 아무 말 없이 네 눈을 깊이 들여다
보고 있어.

용들의 왕이 말해.

"너는 이제 우리 용들의 순수한 심장에서 나오는
힘을 가졌단다. 그리고 용들의 고요한 지혜와 연결되
었어. 네가 살아가는 동안 언제나 우리는 너에게 감사
할 거야."

이제 헤어질 시간이 됐어. 돌아가야 한다는 네 말
을 듣고 아기 용이 조금 슬퍼해. 그리고 이렇게 말해.

"언젠가 나도 너처럼 용감하고 강해지고 싶어! 나를 도와줘서 고마웠어! 다시 만날 수 있길 바라."

❧

갈색 용 한 마리가 다가오더니 집으로 데려다주겠다고 해. 너는 마지막으로 용들의 동굴을 기분 좋게 둘러봐. 그리고 모두에게 손을 흔들어 주고 갈색 용과 함께 동굴 입구로 가. 거기서 갈색 용은 네가 올라타기 편하도록 바닥에 닿을 만큼 머리를 숙여 줘. 갈색 용은 네가 처음에 서 있던 산을 향해 날기 시작해. 너는 하늘 위에서 땅을 내려다봐. 집과 사람들, 숲과 동물들이 아주작아 보여.

❧

나무가 많은 아름다운 곳에 도착하자 너는 갈색 용의 등에서 내려와. 너와 갈색 용은 서로의 이마를 대고작별 인사를 나눠. 갈색 용이 기분 좋은 듯 노래를 흥얼대. 너는 말해.

"고마워. 또 보자!"

갈색 용은 다시 날개를 활짝 펼치고 저 멀리 날아

가. 너를 둘러싼 풍경이 안개처럼 사라지기 시작해. 색깔들이 희미해지고 지평선에 보이던 갈색 용, 들판, 언덕, 나무들, 돌들, 바위들, 풀들, 다른 동물들이 모두 천천히 사라져. 남은 건 너와 너의 숨소리뿐이야.

다시 숨을 세 번 깊이 들이쉬고 내쉬렴. 그리고 천천히 눈을 떠. 너의 세계로 돌아온 걸 환영해. 너는 용들이 준 초록의 힘과 황금의 지혜를 갖게 되었어.

너의 하루가 기쁨으로 가득하기를, 너의 삶이 기쁨으로 가득하기를!

수호천사

이 여행은 아이에게 자신이 혼자가 아니며 언제나 무
조건적인 사랑과 보호를 받고 있음을 알려 준다.

편하게 앉으렴. 의자에 앉아도 좋고 바닥에 양반다리를
하고 앉아도 좋아. 어딘가에 기대어도 된단다. 인형을
안고 있어도 되고 누워도 돼. 편한 자세를 찾았다면, 이
제 눈을 감고 숨을 세 번 깊이 들이쉬고 내쉬어 봐. 공기
가 네 코와 가슴을 거쳐 배까지 들어왔다가 다시 나가
고 있어. 한 번 더 숨을 깊이 들이쉬고 내쉬어 봐.

　너는 지금 드넓은 초원에 앉아 있어. 네 옆으로 작
은 개울이 졸졸거리며 흐르고 있어. 그 소리가 마치 조
용한 웃음소리 같아. 은색으로 반짝이는 개울물이 이끼
낀 바위들을 훌쩍훌쩍 타고 넘으면서 계곡 아래로 흘러
내려 가고 있어. 초원에서 바라보는 계곡의 모습이 아

주 멋져. 위로는 파란 하늘에 구름이 몇 개 떠 있어. 아주 화창한 날이야.

산들바람이 불어와 네 얼굴과 머리카락을 어루만져. 아주 부드럽고 따뜻해. 그때 어디선가 새가 퍼드덕하는 소리가 들려. 바람 소리와는 좀 다른 소리일 거야, 그렇지? 갑자기 누군가가 네 귀에다 대고 네 이름을 속삭여. 아주 낮은 목소리라서 하마터면 못 들을 뻔했어. 그 목소리가 한 번 더 네 이름을 불러. 들리니?

새의 퍼드덕하는 날갯짓 소리가 더 크게 들리는 듯하더니 옆에서 뭔가 반짝이는 것 같아. 살짝 몸을 돌려서 보았더니 누군가 네 옆에 서 있어. 그 사람은 아주 반짝이는 옷을 입고 있어. 등에는 반짝이는 하얀 날개가 달려 있어. 그 사람이 반가운 눈빛으로 너를 바라보며 부드럽게 웃고 있어. 자세히 보니 그 사람은 천사야!

너는 너무 놀라서 꼼짝하지 않고 천사를 바라봐. 천사의 얼굴이 사랑으로 가득한 게 보여? 너는 천사가 입은 옷도 보고 날개도 보고 있어. 모든 걸 잘 알아볼 수 있어? 무엇이 보여?

천사가 말해.

"무서워하지 마. 원래 인간은 우리를 볼 수 없지만 오늘은 특별히 내가 너에게로 왔어. 왜냐하면 너한테 꼭 들려주고 보여 주고 싶은 게 있거든."

천사가 네 뒤로 가더니 날개를 펼쳐 너를 감싸안아. 천사의 깃털이 너를 간지럽히는 것 같아. 포근하고 안전한 느낌이야.

천사가 말해.

"나는 매일 밤낮 네 옆에 있어. 너를 오래전부터 알고 있단다. 네가 엄마 뱃속에서 자랄 때도 네 옆에 있었어. 네가 태어나 엄마 아빠 품에 처음 안겼을 때, 처음으로 말하기 시작했을 때, 처음 두 발로 걷기 시작했을 때도 네 옆에 있었지. 네가 유치원(혹은 학교)에 갈 때도, 혼자 놀 때도, 숙제할 때도, 밖에서 친구들과 뛰어놀 때도, 방에서 책을 읽을 때도 나는 늘 네 옆에 있어.

네가 웃을 때나 즐거워할 때 나는 언제나 네 옆에 있어. 네가 슬퍼할 때도 네 옆에 있어. 나는 무엇이든 너와 나누고 할 수 있는 한 최선을 다해 너를 보호하려고 해. 나는 네가 걱정하는 말을 하거나 웃긴 이야기를 할 때 항상 귀 기울여 들어. 나는 이야기도 좋아하고 농담도 좋아하고 노는 것도 좋아하고 동물들도 좋아해. 무엇보다 너를 좋아해!

나는 낮에 네가 노는 모습을 지켜보는 게 좋아. 너는 갑자기 용감한 사자가 되기도 하고 아주 빨리 달리는 말이 되기도 하지. 너는 공이나 장난감을 갖고 놀기도 하지. 레고로 도시를 짓기도 하고 인디언이 되어서 온 집 안을 살금살금 돌아다니기도 해. 나는 네가 친구들이랑 엉뚱한 짓을 하며 노는 걸 보는 게 좋아. 너희는 언제나 새로운 놀거리를 찾아내지. 나는 네가 꽃과 나무를 바라보는 모습이 참 좋아. 네가 고양이, 개, 토끼를 쓰다듬는 모습이 참 좋아.

밤이면 나는 네 침대 옆에 앉아서 네가 좋은 꿈을

꾸며 잘 자도록 지켜 줘. 그리고 네가 하루를 시작하기 위해 아침에 눈을 뜰 때마다 얼마나 기쁜지 몰라. 나는 네 옆에 있을 수 있어서 참 기뻐. 앞으로도 계속 네 옆에 있을 거야. 그러니 안심해도 돼."

천사가 말을 멈추고 네 앞으로 와서 너를 보며 부드럽게 웃어. 천사는 너의 친구야. 언제나 네 옆에 있는 친구. 천사가 날개를 활짝 펴자 네 가슴도 활짝 열리는 것 같아. 천사가 말해.

"가끔 나를 기억해 줄래? 내가 보이지 않아도 말이야. 나를 기억해 줘. 특히 행복할 때나 슬플 때나 화가 날 때 나를 기억해 줘. 무슨 일이 있어도 내가 항상 네 옆에 있고 너를 사랑한다는 것만은 꼭 기억해. 어쩌면 목 주변이 조금 간지러울지도 몰라. 그건 내 깃털이 너를 간지럽히는 것일 수도 있어. 알겠지?"

천사가 너를 보며 미소 지어. 너도 천사를 향해 웃으면서 그렇게 말해 줘서 고맙다고 해. 천사가 천천히 사라져. 점점 희미해져. 하지만 너는 여전히 천사가 옆에 있는 것 같아.

이제 천사는 전혀 보이지 않아. 하지만 네 귀에 속삭이는 천사의 목소리가 들려.

"나는 언제나 네 옆에 있어!"

다시 숨을 세 번 깊이 들이쉬고 내쉬렴. 그리고 천천히 눈을 떠. 너의 세계로 돌아온 걸 환영해. 언제나 너의 수호천사가 날개로 너를 감싸 줄 거야.

너의 하루가 기쁨으로 가득하기를, 너의 삶이 기쁨으로 가득하기를!

야생마와 동물 조각 목걸이

마음의 평화와 힘을 되찾아 주는 여행이다. 생각이
많을 때나 잠들기 전에 하면 좋은 명상이다.

편하게 앉으렴. 의자에 앉아도 좋고 바닥에 양반다리를
하고 앉아도 좋아. 네가 원하는 대로 하렴. 원한다면 이
불을 덮고 누워도 좋아. 무엇이든 가장 편한 자세로 있
으렴.

　숨을 세 번 깊이 들이쉬고 내쉬렴. 그러는 동안 공
기가 네 코와 가슴을 통해 배까지 들어갔다가 다시 나
오는 걸 가만히 느껴 봐. 어쩌면 코가 약간 간지러울 수
도 있어. 숨을 들이쉬고 내쉴 때마다 배가 조금 올라갔
다 내려가는 게 느껴져? 그때 어떤 느낌이 드는지도 한
번 잘 살펴봐.

　평소처럼 계속 숨을 쉬렴. 그러다 보면 머릿속이

아주 조용해질 거야. 들어 봐. 아주아주 조용하지? 들어 갔다 나왔다 하는 숨소리밖에 안 들려.

❧

이제 천천히 상상의 세계로 들어가 보자. 지금 네가 아름다운 해변에 앉아 있다고 상상해 봐. 너는 고운 모래를 보고 있어. 여기저기에 조개도 있고 매끄러운 돌멩이도 있어. 바닷물에 떠내려온 나뭇가지도 있어. 나뭇가지들 색이 많이 바랬어. 갈매기들이 하늘을 날아다니는가 하면 모래 위를 뛰어다니기도 해. 파도가 치고 하늘은 파랗고 햇살은 쨍해. 앞쪽엔 드넓은 바다가 있고 뒤쪽엔 절벽 위로 언덕이 있어. 바다로부터 따뜻한 바람이 불어와. 공기에서 조금 짠맛이 나.

너는 지금 휴가를 온 것 같아! 너는 마음껏 즐기고 있어. 두 손으로 햇살을 머금고 따뜻해진 모래를 느껴 봐. 바다를 한번 바라봐. 숨을 깊이 들이쉬면서 얼마나 공기가 신선한지 느껴 봐.

❧

멀리서 타닥타닥 하는 소리가 들려. 뭐지? 너는 일

어서서 사방을 둘러봐. 소리가 점점 더 가까워지고 있어. 어디서 나는 소리인지 알 것 같아. 아주 크고 검은 야생마 한 마리가 모래사장 위를 뛰어서 너에게 달려오고 있어. 아주 당당하고 거침이 없는 말이야. 기다란 갈기에선 윤기가 나. 물기를 머금은 해변을 따라 달리고 있어서 발을 움직일 때마다 작은 분수가 터지는 것 같아. 말은 아주 즐거워하고 있어. 말이 행복해하는 게 느껴져.

너와 점점 가까워지자 말은 천천히 달리다가 걷기 시작해. 조금 씩씩대며 콧김을 내뱉더니 살짝 히힝 거리며 네 앞에 섰어. 갈색의 두 눈 사이에 하얀색의 길쭉한 얼룩이 나 있어. 말이 네 쪽으로 한 걸음 더 다가와. 네 앞에 선 말이 커다란 머리를 아래로 내리더니 자기 이마를 네 이마에 가져다 대. 말이 물어.

"너는 ＿＿＿＿지? 오늘 네가 여기 해변으로 올 줄 알았어. 그래서 이렇게 달려온 거야. 왜냐하면 나는 네가 우리 동물들의 친구란 걸 잘 알고 있거든. 너한테 특별히 보여 줄 게 있어. 내 등에 올라타. 태워 줄게!"

너는 야생마의 넓은 등에 훌쩍 올라타. 안장도 재갈도 필요 없어. 그냥 말의 갈기를 꽉 붙잡고 있기만 하면 돼. 그럼 큰 말이 해변을 따라 달리기 시작할 거야. 정말 신나는 일이야!

얼마나 달렸을까. 말이 속도를 늦추더니 말해.

"너한테 친구 두 명을 소개해 주고 싶어. 한 명은 벌써 저기 앞에 있네."

앞쪽 해변에 낡은 나무배 하나가 보여. 배는 뒤집힌 채 모래사장에 박혀 있어. 그 배가 만드는 그늘 아래에 회색 줄무늬 고양이 한 마리가 앉아 있어. 아주 편안해 보여. 기분이 좋은지 조용히 갸르릉 대고 있어. 고양이가 말해.

"안녕, 너희 둘이 왔구나."

그러고는 일어서서 네 다리를 쭉 펴.

"기다리고 있었어. 나를 따라올래? 다른 친구도 데리러 가자. 그 친구한테도 _____를 소개해 줘야지. 얼른 가 보자."

말과 너는 앞장서서 날렵하게 걸어가는 고양이를 따라가. 고양이는 모래사장을 가로질러 낭떠러지와 모래사장이 만나는 곳으로 가. 그곳에 언덕 위로 이어지는 오솔길이 있어. 고양이는 신이 나서 앞장서고 말은 한 발 한 발 발굽을 조심스럽게 올리며 뒤따라가. 너는 말의 갈기를 꽉 붙잡고 있어.

　　　　　　　　　　✍

　이제 언덕 위야. 너희는 넓은 들판 위에 서 있어. 저 멀리 커다란 떡갈나무들 아래에 작은 오두막이 보여. 그 집 앞에 개가 한 마리 있어. 조금 헝클어진 짧은 적갈색 털을 가진 개야. 개가 고개를 번쩍 들더니 낮은 목소리로 말해.

　"아! 너희들 드디어 왔구나. 이제 우리 셋이 _____를 안내할 수 있겠어."

　너는 '어디로 가는 거지?' 하고 궁금해하지만 걱정하지는 않아. 모두 네 친구니까 너에게 좋은 것을 보여줄 거라고 생각해. 너는 동물들을 믿어. 말이 너를 잘 데리고 갈 수 있게 따뜻한 말의 등에 얌전히 앉아 있어. 개와 고양이가 함께 앞장을 서고 있어.

　낭떠러지와 해변에서 점점 멀어지자 파도 소리도 점점 작아져. 여기에는 크고 작은 나무들이 자라고 있어. 말 등에서 흔들흔들 가다 보니 너는 조금 졸리기도 해. 너희는 함께 오솔길을 따라 숲으로 들어가. 가끔 나뭇가지를 피해 고개를 숙여야 하지만 참 즐거운 여행이야. 여기저기서 나무를 오르내리는 다람쥐들이 보여. 엄마 노루와 새끼 노루도 보여. 둘이 나무 뒤에서 너희를 보고 있어.

키가 큰 나무로 둘러싸여 있는 오솔길이 그림같이 아름다워. 어느덧 너희는 숲의 공터에 와 있어. 공터 중앙에서 너는 말에서 내려와. 따뜻한 공기에서 나무 향기도 나고 꽃향기도 나. 정말 조용해. 가끔 멀리서 새들이 지저귀는 소리가 들릴 뿐이야. 뚱뚱한 꿀벌 한 마리가 굼뜨게 윙윙거리며 지나가.

서서히 해가 지고 공터에서는 알 듯 말 듯 한 마법의 힘이 느껴져. 너는 공터 중앙의 잔디 위에 앉아. 그러자 그곳이 너의 장소라는 게 느껴져. 너에게 힘을 주는 곳 말이야. 집에 있는 것처럼 편안해. 그때 고양이가 조용히 말해.

"너도 느끼지? 그럴 거야. 이곳이 늘 너를 기다려 왔어. 여기서 너는 편안하게 쉬면서 다시 힘을 낼 수 있어. 아까 내가 배 그늘에 누워 쉬고 있을 때 그랬던 것처럼. 나는 거기에 앉아서 내가 갸르릉 대는 소리를 들어. 나는 그곳에 속해 있어. 그곳에 있으면 나는 안전해. 나는 그걸 잘 알고 있어. 그리고 친구들이 멀지 않은 곳에 있다는 것도 잘 알고 있지."

이어서 개가 말해.

"내 오두막 앞에서 맡는 공기 냄새는 언제나 부드럽지. 그곳에서는 내가 좋아하는 냄새들을 다 맡을 수 있어. 내가 어디에 있든 눈만 감으면 곧장 그곳으로 가. 그곳에 가면 생각할 것도 없고 고민할 것도 없어. 화낼 것도 없어. 있는 그대로 다 좋아. 너에게도 그런 장소가 있어. 바로 여기야. 너의 마음이 아주 고요해질 수 있는 곳. 이곳에 있으면 너의 친구들이 아주 가까운 곳에 있다는 것도 알게 될 거야."

말이 가볍게 콧김을 내뿜으며 말해.

"개가 두르고 있는 목걸이를 봐. 거기에 너를 위한 무언가가 달려 있어."

정말이야. 개의 목걸이에는 누군가가 만든 동물 모양의 나무 조각이 달려 있어. 너는 그걸 풀어서 두 손 위에 놓고 봐. 무슨 동물인지 알겠어?

말이 히잉 소리를 내더니 말해.

"그건 동물들과 큰 영혼들이 너에게 주는 선물이

야. 우리 심장에서 나왔고 너의 심장을 위한 거야."

작은 동물 모양 조각이 빛을 내기 시작해. 네 손안에서 작은 태양처럼 빛을 내. 그 빛이 점점 더 밝아져. 동물 모양이 네 심장 안에서 살고 싶어 해. 너는 두 손으로 동물 모양을 가슴에 가져다 대. 그러자 동물 모양이 빛과 함께 네 심장 속으로 녹아 들어가. 가슴이 따뜻해지는 게 느껴져. 뿌듯한 기분이 들어. 동물들이 준 선물은 이제 네 심장 안에서 살게 되었어. 동물들의 힘이 너의 힘이 된 거야.

너는 이제 많이 피곤해. 개도 하품을 해. 네가 따뜻한 잔디 위에 팔다리를 쭉 펴고 드러눕자 고양이가 네 배 위로 올라와서 동그랗게 자리를 잡아. 개도 네 품으로 파고들어. 그러자 너는 웃음이 나와. 말은 머리를 숙이고 편안하게 콧김을 내. 모든 게 아주 편안하고 따뜻해. 갸르릉 대는 고양이 옆에서 개가 말해.

"아까 우리가 준 그 빛나는 선물을 항상 가지고 다니게 될 거야. 그건 네가 어디에 있든 항상 네 안에 있을 거야. 네가 잠이 들면 꿈에서 그걸 만날 거고, 낮에도 그걸 생각만 하면 그게 너를 보호해 줄 거야. 너는 그냥 눈을 감고 세 번 숨을 들이쉬고 내쉬기만 하면 돼. 여기서 우리랑 더 자주 만날래? 가끔은 다른 동물 모양도 가지고 올게. 그것도 네 심장에 넣을 수 있어. 모두 네 안에서 너랑 같이 자랄 선물들이야. 그것들이 네 안에 빛과 따뜻함과 힘을 가득 채워 줄 거야."

너는 이제 정말 졸려. 눈꺼풀과 팔다리가 무거워. 너는 가만히 숨을 쉬어. 숨을 들이쉬고 내쉬고, 숨을 들이쉬고 내쉬고…. 동물들은 이미 잠들었어. 바로 네 옆에서. 네 안의 동물 모양은 너와 함께 꿈속으로 갈 거야. 잘 자렴. 좋은 꿈 꿔. 동물들이 옆에서 너를 따뜻하게 해 줄 거야.

너의 밤이 복되기를, 너의 낮이 복되기를!

아기 동물 모임

이 여행은 아이에게 친구 맺는 법을 가르쳐 주고 큰 공동체에 대한 결속감을 키워 준다. 아이에게 자신이 언제든 혼자가 아니며, 행복을 바라는 사랑스러운 존재들이 주변에 가득함을 느끼게 해 준다. 내면의 힘을 키워 주고, 자신이 중요한 존재임을 느끼면서 스스로 발전할 수 있음을 알려 준다.

오늘은 정말 특별한 소풍을 떠나 볼까 해. 새로운 친구를 사귀어 보는 건 어때? 먼저 숨을 세 번 깊이 들이쉬고 내쉬어. 그리고 편하게 앉거나 누워서 머릿속으로 온몸을 살펴봐. 여행을 떠나기 전에 준비 운동을 하는 거야. 발을 느껴 봐. 다리도 느껴 봐. 엉덩이, 등, 배, 가슴, 어깨, 목, 팔, 손도 한번 느껴 봐. 머리와 얼굴도 느껴봐. 머릿속이 고요해졌다면 새로운 모험을 떠날 준비가된 거야!

너는 지금 푸른 언덕 위에 서 있어. 언덕 아래로 풀이 무성한 초원이 넓게 펼쳐져 있어. 저 멀리 초원 끝에는 산이 있어. 키가 큰 초원의 풀들이 바람에 흔들리고 있어. 마치 파도가 치는 바다 같아. 정말 아름다운 광경이야. 너는 몇 분 동안 그 풍경을 즐기고 싶어.

저 멀리에는 푸른 산도 있고 회색 산도 있어. 산꼭대기는 하얀 눈으로 덮여 있어. 너는 더 가까이에서 산을 보고 싶어. 안 될 게 뭐야? 한번 가 볼까? 너는 언덕을 내려가 산 쪽으로 난 길을 걷기 시작해. 풀들이 네 무릎 높이까지 자랐어. 풀들이 바람에 흔들흔들 춤을 춰.

갑자기 무슨 소리가 들려! 무언가 샤샤샤 움직이는 소리…. 아! 저기 풀 속에 회색 귀 두 개가 움직이는 게 보여! 너는 살금살금 다가가. 뭔지 알겠어. 풀 속에 새끼 늑대 한 마리가 앉아 있어! 새끼 늑대가 호기심 가득한 눈으로 너를 봐. 너는 조심스럽게 무릎을 구부리고 새끼 늑대의 귀를 부드럽게 쓰다듬어. 새끼 늑대가 좋아하는 것 같아. 새끼 늑대에게 네 이름을 말해 봐. 그럼 새끼 늑대도 자기 이름을 말해 줄지 몰라.

새끼 늑대가 말해.

"너도 초대받은 거야?"

너는 무슨 말인지 전혀 모르겠어. 새끼 늑대가 설명해 줘.

"산에서 있는 모임 말이야! 너도 초대받았지? 아니라면 왜 여기까지 왔겠어. 우리 같이 가자. 어때?"

너는 고개를 끄덕여. 너희는 함께 산 쪽으로 걸어가. 새끼 늑대가 말해.

"너를 만나서 다행이야. 혼자 가는 게 조금 무서웠거든. 모든 동물 중에 대표로 한 명씩만 올 수 있대. 너도 알고 있겠지만…"

음, 너는 새끼 늑대가 무슨 말을 하는지 도무지 모르겠지만 새끼 늑대도 더 이상은 모르는 것 같아. 그래도 좋아. '풀로 넘실대는 바다'가 너무 아름다워. 옆에서 풀 줄기를 깡충깡충 뛰어가는 새끼 늑대의 모습도 너무 귀여워. 같이 걷는 것만으로도 즐거워.

너희는 같이 계속 걸어가. 새끼 늑대가 자기 이야기를 들려줘. 가족은 누가 누가 있는지, 어떤 음식을 제일 좋아하는지, 어떤 장난감을 제일 좋아하는지도 말해 줘. 참 아름다운 날이야. 그런데 시간이 비행기처럼 빨리 지나가 버려서 너희는 어느새 산 아래에 도착했어.

"저기를 통과해야 하나 봐."

새끼 늑대가 앞발로 두 바위틈에 난 좁은 통로를 가리키며 말해.

"저 뒤에 계곡이 숨어 있는데 거기가 바로 모임 장소야!"

너희는 바위 사이로 난 좁은 길을 따라 올라가. 양쪽으로 높은 바위들이 벽을 만들고 있어. 길이 구불구불 계속 이어지는 것 같더니 작고 푸른 계곡이 나타나. 산 중턱에 도착한 거야. 너는 깜짝 놀라. 너무도 많은 동물이 거기에 모여 있기 때문이야. 자세히 보니까 전부 새끼 동물들인 것 같아. 새끼 여우도 있고 새끼 오소리도 있어. 아주 작은 수리부엉이도 땅 위를 뛰어다니고 있어. 새끼 고라니는 아직 뿔도 없어. 여기저기로 뛰어다니는 새끼 족제비, 줄무늬를 가진 새끼 야생 돼지도 있어. 작은 다람쥐도 있고, 노느라 정신없는 새끼 곰도 있어. 자세히 봐 봐. 또 어떤 동물이 보이니?

다들 흥분해서 서로 얘기하느라 바빠. 아주 정신이
없지. 너는 환하게 웃으며 옆에 있는 새끼 늑대를 봐. 이
런 멋진 모임일 거라고는 생각 못 했거든. 세상의 모든
동물이 새끼들을 한 마리씩 대표로 보낸 것 같아.

너는 아직도 어떤 동물이 있나 살펴보느라 정신이
없어. 그때 갑자기 큰 종소리가 울려. 소리가 어찌나 힘
차고 큰지 주변의 산에서 모두 메아리가 되어 들려올
정도야. 새끼 동물들은 모두 말하기를 멈추고 조용해졌
어. 그 순간 계곡 끝에 있는 평평한 바위 위에 용 두 마
리가 나타나. 정말 큰 용들이야. 한 마리는 황금색이고
다른 한 마리는 초록색이야. 용들의 왕과 왕비 용이야.
너는 금방 알아보지!

"우리 모임에 오신 걸 환영합니다."

왕비 용이 세상에서 제일 부드럽고 아름다운 목소
리로 말해. 너도 이미 아는 목소리일 거야. 아주 조용히
말해도 동물들은 다 들을 수 있어. 새끼 동물들은 모두
마법에 걸린 듯 왕비 용의 말을 들어.

"여기 용들의 왕과 제가 여러분을 초대한 것은 중
요한 임무를 하나 드리고 싶기 때문입니다. 부모님으로
부터 초대장을 받고 오신 분도 계실 테고, 길에서 표시

를 보고 오신 분도 계실 테고, 또 그냥 여기에 오고 싶다
는 설명할 수 없는 기분이 들어서 오신 분도 계실 겁니
다. 어쨌든 다행히 여러분 모두 여기에 잘 오셨습니다.
모든 동물의 아기 여러분. 여러분은 살쾡이, 노루, 야생
돼지, 오소리, 독수리, 꿩, 다람쥐, 인간, 늑대 등 각각의
동물 대표들입니다. 여러분 모두 오셨고, 그것만으로도
우리는 이미 너무 감사하고 있습니다! 우리 아기도 여
기 있습니다. 우리 용들의 대표입니다."

그제야 너는 적갈색의 아기 용을 봐. 다른 새끼 동
물들과 어울리려고 거대한 부모 사이로 바위를 기어오
르고 있어.

"이제 다 모였습니다."

용들의 왕이 너희를 보며 말해.

"우리는 다 함께 살아가는 이 세상의 중요한 문제
하나를 해결하기 위해 여기에 모였습니다."

새끼 동물들이 서로를 쳐다보며 중요한 문제란 게
무엇일까 하고 생각해. 우리 아기들이 이 세상을 위해
무엇을 할 수 있을까? 용들의 왕이 근엄한 목소리로 이
어서 말해.

"여러분은 부모님들이 아직 해내지 못한 일을 할

수 있습니다. 여러분은⋯ 서로 친구가 될 수 있습니다! 친구가 되는 것 그리고 친구로 남는 것, 이것이 여러분이 할 수 있고 할 준비가 되어 있는 중요한 일입니다! 여러분은 이 세상에서 함께 살아갈 수 있습니다. 서로 나누고 서로 돕고 서로 보호하며 살 수 있습니다. 여러분은 서로에게 손과 앞발과 갈퀴와 날개를 내밀며 친구로 지낼 수 있습니다."

새끼 동물들이 웅성웅성 소란스러워. 당연히 너희는 그럴 수 있지! 사실 아주 간단한 거잖아. 너희는 모두 서로를 좋아해! 너희는 서로를 바라봐. 그러더니 아주 큰 원을 만들어. 용들의 왕이 말했듯이 너희는 손과 앞발과 갈퀴와 날개를 내밀어. 서로서로 손발을 맞잡고 원을 만들어. 그거면 충분해. 모든 동물의 아기들, 너희는 영원한 친구들이야!

너희 사이에 서 있던 아기 용에게서 빛이 나오고 있어. 아기 용의 심장에서 나오는 빛이야. 그 빛이 아기 용의 날개로 이어지다가 손으로 가더니 옆에 있는 다른 새끼 동물에게로 이어져. 그렇게 빛은 계속 길어져서 원 전체를 빛으로 묶어 줘. 너도 그 빛이 너의 손과 팔을 지나 마침내 네 심장을 통과하는 걸 느껴. 우정의 힘이 너희 모두를 묶어 주고 있어. 그걸 느껴 봐.

천천히 빛이 약해져. 하지만 서로 연결되어 있다는 느낌은 여전하지. 너희는 서로의 손과 앞발과 갈퀴와 날개를 놓아 줘. 너희는 한동안 말없이 둥글게 서서 서로를 바라봐.

다시 왕비 용이 말해.

"여러분이 모두 친구가 되어 함께 있는 모습이 정말 아름답습니다. 지금 여러분이 만들고 있는 이 원, 여러분이 느끼고 있는 이 연결은 영원할 겁니다. 여러분은 친구입니다. 각자 집으로 돌아가더라도 최선을 다해 이 우정을 지키시길 바랍니다. 여러분이 우리의 미래입니다. 우리의 미래가 우정으로 가득하다면 정말 멋질 것입니다. 이제 서로 작별 인사를 하고 집으로 돌아가시기 바랍니다. 마지막으로 정말 감사하다는 말씀을 드립니다. 이 모임에 와 주셔서 정말 감사합니다!"

새끼 동물들이 서로를 껴안고 작별 인사를 해. 앞

발이 갈퀴와 악수하고 손이 날개와 악수해. 너는 다시 새끼 늑대와 함께 바위 사이를 통과해 '풀의 바다'로 나와. 너희 둘은 자꾸 서로를 바라보며 웃어. 새끼 늑대는 깡충깡충 뛰면서 너에게 장난을 걸거나 달리기 시합을 하자고 해. 너희는 키 큰 풀 사이를 휘젓고 다녀. 그러는 와중에 이 여행을 시작했던 언덕 위로 돌아왔어.

너는 무릎을 굽히고 새끼 늑대를 한 번 더 꽉 껴안아 줘. 새끼 늑대도 작별 인사로 네 얼굴 여기저기를 핥아. 새끼 늑대는 '풀의 바다'를 통과해 다시 가족에게로 돌아가.

너도 돌아갈 시간이야. 원한다면 팔다리를 한 번 쫙 펴 봐. 그리고 숨을 한 번 깊이 들이쉬고 내쉬렴. 이제 천천히 눈을 떠.

너의 삶에 우정이 가득하기를, 네가 행복하기를!

거북이와 푸른 돌멩이

힘은 고요한 마음에서 나온다. 이번 여행은 느림과 알아차림이 삶에서 얼마나 중요한 요소인지를 알게 해 준다. 특히 주의가 산만하고 인내심이 부족한 아이에게 안전과 편안한 느낌을 줄 것이다.

⋮

편하게 앉으렴. 마음을 느긋하게 가져 봐. 의자에 앉아도 좋고 바닥에 양반다리를 하고 앉아도 좋아. 어딘가에 기대도 좋고 인형을 안고 있어도 돼. 원한다면 누워도 좋아. 네가 가장 원하는 대로 하렴. 이제 눈을 감고 숨을 세 번 깊이 들이쉬고 내쉬어 봐.

공기가 코와 가슴을 통해 배까지 들어왔다가 다시 나가고 있어. 그걸 느낄 수 있니? 숨을 들이쉬고 내쉴 때마다 배가 약간 부풀었다가 꺼지는 게 느껴지니? 한 번 더 숨을 깊이 들이쉬고 내쉬어 봐.

너는 지금 햇살이 가득한 산을 오르고 있어. 발 아래 풀들이 바짝 말라 있어. 양옆의 키 작은 나무들도 목이 마른 듯해. 드문드문 보이는 바위와 작은 돌도 햇빛 때문에 뜨거워해. 하늘이 참 맑아. 끝없이 펼쳐진 파란 하늘에 하얀 구름 조각이 몇 개 둥실둥실 떠 있어. 너는 계속 위로 올라가며 산을 탐험해. 너는 시간이 아주 많아. 편하게 주위를 둘러보렴.

✹

얼굴에 비치는 햇살이 얼마나 따뜻한지 느껴 봐. 너의 호흡과 발걸음도 느껴 봐. 너는 기분이 좋아. 걱정거리가 없어. 단지 조금 졸릴 뿐이야. 그때 누군가의 목소리가 들려.

"그럼 조금 쉬어 봐!"

너는 주위를 둘러보지만 아무도 없어. 그런데 그 목소리가 이번에는 네 이름까지 부르면서 말해.

"쉬라니까!"

누구지? 너는 다시 주위를 둘러봐. 저기… 모래색 바위 사이로 작은 거북이가 고개를 내밀고 있어. 거북이는 조금 낑낑대며 바위 아래에서 기어 나와. 거북이가 주름진 목을 쭉 빼고는 훔쳐보듯 너를 올려다봐. 아마도 네가 너무 커서 그런 것 같아. 그러니 좀 앉아 보면 어떨까. 그럼 훨씬 편하겠지? 너도 작은 거북이도 말이야. 그래, 그렇게 앉으니까 훨씬 낫다!

이제 거북이가 너를 제대로 볼 수 있어. 네 얼굴을 보는 거북이의 눈이 참 다정해. 입가에는 따뜻한 미소가 번지고 있어. 너도 웃어 준다면 거북이가 아주 기뻐할 거야. 거북이는 평화를 좋아하고 친절하고 착한 동물이거든.

거북이가 말해.

"그렇게 앉아 줘서 고마워. 가끔 쉬는 건 좋은 일이야. 우리 거북이들은 서둘지 않을뿐더러 휴식 시간을 많이 가져. 우리에겐 시간이 많아. 여기 내 옆에 앉아 보면 너도 얼마나 좋은지 알게 될 거야. 잠시 여기 좀 앉아서 내 등껍질이 어떻게 생겼는지 살펴봐. 홈이 어떻게 파여 있는지 보고, 녹색·황갈색·진갈색·검은색 무늬도 한번 자세히 살펴봐. 나는 이 땅의 일부이고 이 땅처럼 보이지! 그렇지 않니? 자세히 봐 봐."

〜〰〜

거북이가 윙크하며 미소를 지어. 너는 거북이를 관찰해. 조금 웃음이 나기도 해. 윙크하는 거북이라니… 정말 재밌잖아. 거북이가 이어서 말해.

"나는 이 등껍질 속에서 살아. 그러니까 이건 내 집이고 나는 항상 집을 짊어지고 다녀. 평화가 필요할 때면 나는 등껍질 속으로 들어가 호흡을 관찰하고 발밑에 있는 땅을 느껴. 내가 필요로 하는 건 언제나 여기에 있지. 너도 그렇단다! 너에겐 등껍질이 없지만 대신 너도 나처럼 잠깐 눈을 감고 호흡을 관찰할 수 있어. 네 발밑에는 땅이 있고 네 몸이 너의 집이야. 그렇게 할 때 얼마나 좋은지 너도 곧 알게 될 거야.

누가 너를 화나게 할 때, 너무 흥분될 때, 불안하고 무서울 때, 밤에 잠들기 싫을 때면 그냥 눈을 감고 몇 번 숨을 깊이 들이쉬고 내쉬어 봐. 언제든 편안하고 안전한 집에 와 있다는 느낌이 들 거야. 그 집에서 보호받고 있다는 느낌이 들 거야. 지금 당장 같이 연습해 볼까?

이 여행을 시작할 때 했던 것처럼 숨을 세 번 깊이 들이쉬고 내쉬어 봐."

거북이가 말해.

"내 말이 맞지? 너는 이제 머릿속이 아주 고요해졌어. 네 아래에는 땅이 있고 위에는 하늘이 있어. 네게 필요한 건 다 있어. 모든 게 다 괜찮아. 너는 보살핌을 받고 있어. 알지? 너는 어디서든 마음만 먹으면 집에서처럼 편안할 수 있어. 알지? 네 마음속에 너에게 가장 좋고 아름다운 장소가 있어. 이제 우리 좀 걸을까?"

너희는 천천히 움직이기 시작해. 거북이는 두툼한 초록색 다리로 앞으로 기어가. 알다시피 거북이는 정말 정말 느려. 너도 아주 천천히 한 발 한 발 내디뎌 봐. 그러면 거북이랑 나란히 갈 수 있을 거야.

천천히 걷고 있는 너에겐 주변을 둘러볼 시간이 많아. 나뭇잎을 보고 수풀 속 산딸기를 봐. 여기저기 윙윙대며 날아다니는 작은 곤충들과 나비들도 봐. 어쩌면 깡충깡충 뛰어다니는 토끼를 볼 수도 있어. 저 멀리에는 나이 들어서 딱딱해진 나무들이 서 있어. 그리고 네 옆에는 최선을 다해 천천히 느긋하게 걷고 있는 작은 거북이가 있지.

✨

급할 건 없어. 느긋한 마음으로 어슬렁거려도 돼. 네가 원한다면 말이지. 거북이는 멋지게 어슬렁거리는 걸로 치면 최고의 동물이야. 그래서 절대로 너에게 서두르라고 말하지 않을 거야. 오히려 그 반대야. 거북이는 천천히 가는 걸 정말 좋아해. 거북이가 너에게 이유를 설명해 줘.

"너는 나보다 훨씬 빨리 갈 수 있을 거야. 당연하지. 물론 때로는 뛰어도 좋고 심지어 미친 듯이 달려도 좋아. 그럴 때면 기분이 좋아지고 배가 아플 때까지 실컷 웃을 수도 있어. 그래도 나는 천천히 가기를 더 좋아해. 왜냐하면 나는 모든 걸 정확하게 보고 싶거든.

천천히 가도 언젠가는 목적지에 도착할 거란 걸 잘 알고 있어. 때로는 천천히 가는 게 좋을 때도 있어. 천천히 가면 길을 잃어버리는 일이 줄어들거든. 어디로 가고 싶은지도 더 분명히 알게 돼. 그리고 길옆에 있는 것들도 제대로 보게 되지. 예쁜 전나무 열매, 재밌게 생긴 나뭇가지, 다채로운 돌멩이 같은 것들 말이야. 너무 빨리 가 버리면 이렇게 아름다운 것들을 전부 다 놓치게 되잖아.

나처럼 천천히 가면 모든 것을 전혀 다른 눈으로 보게 돼. 나는 친구들을 위한 시간도 많아. 재밌는 걸 가지고 놀 시간도 많고. 또 내가 제일 좋아하는 음식을 즐길 시간도 많지. 나는 내가 좋아하는 풀을 급하게 삼키지 않고 아주 천천히 꼭꼭 씹어 먹으면서 충분히 즐겨. 그렇게 하면 얼마나 더 맛있는지 몰라!

언젠가 네가 서두르고 싶어질 때, 그러니까 음식을 빨리 먹고 버리고 숙제를 빨리 끝내고 놀고 싶어질 때면 나를 생각해 줄래? 절대 서두르지 않는, 작고 느리지만 대신 기분 좋은 일들을 하나도 빼놓지 않고 다 알고 있는 나, 거북이 말이야. 아! 기분 좋은 일이라니까 생각났는데, 이쯤에서 다시 휴식을 좀 취해야 할 것 같아. 너도 내 옆에 앉을래?"

너는 살짝 미소를 지어. 왜냐하면 지금까지 기껏해야 몇 미터밖에 안 갔거든. 하지만 너는 다정하게 묻는 거북이를 위해서 옆에 앉고 싶어. 거북이가 말해.

"바로 이 자리야. 저기를 봐. 저기 작고 푸른 돌멩이가 하나 있지? 너를 여기로 데려오고 싶었어. 저 돌멩이가 내가 너한테 주고 싶은 선물이거든. 한번 만져 봐."

　너는 천천히 허리를 굽혀 작은 돌멩이를 집어 들어. 네 손에 꼭 들어오는 작은 돌멩이야. 햇살이 반사되어 푸른 돌멩이가 황금빛을 내는 것 같아. 돌멩이에 또 다른 특색이 있는지 살펴볼래? 어떤 무늬 같은 게 있어? 아니면 그림이 그려져 있을까? 천천히 한번 살펴보렴. 너도 거북이도 서두를 필요가 없단다. 돌멩이에서 뭐가 보여?

　다시 거북이가 말해.

　"그걸 배 쪽으로 가져가 봐. 그건 고요를 위한 돌멩이야! 이런 돌멩이는 흔치 않아. 게다가 우리 거북이들만 찾을 수 있는 돌멩이지."

　너는 손안의 돌멩이를 배꼽 근처에 가져다 대. 돌멩이가 더 반짝거려. 돌멩이가 반짝이고 빛을 낼수록 네 배는 더 따뜻해지고 부드러워져. 너는 마음이 아주 고요해지고 숨을 쉴 때마다 행복한 기분이 들어. 잠시 후 돌멩이가 더 밝게 빛나더니 갑자기 사라졌어. 하지만 행복하고 따뜻한 기분은 여전해. 거북이도 너도 얼굴에 미소가 떠올라.

"네 마음속, 네 숨결, 이 땅 위와 하늘 아래, 그곳이 바로 너의 집이야. 천천히, 고요히, 따뜻하고 부드럽게 살아가렴."

거북이가 말해.

"오늘 우리가 함께한 여행이 끝나 가네. 너에게 많은 걸 알려 준 것 같아. 너는 집중해서 많은 것을 배웠어. 넌 정말 멋진 학생이야! 곧 다시 만나기를 바랄게. 혹시 또 다른 거북이를 만나게 되면 웃어 주고 윙크해 주렴. 우리는 그런 걸 좋아해!"

너는 작은 거북이에게 고맙다고 말하며 윙크하고 미소를 지어. 그리고 거북이의 머리를 쓰다듬어. 거북이는 기분 좋게 눈을 감고 찹찹 입맛을 다셔. 거북이가 안개처럼 사라져. 너를 둘러싼 풍경들도 안개처럼 사라져. 색깔들이 희미해지고 거북이, 나뭇가지, 꽃, 돌멩이, 바위, 풀 그리고 다른 동물들이 모두 천천히 사라져. 너와 너의 숨소리만 남았어.

다시 숨을 세 번 깊이 들이쉬고 내쉬렴. 그리고 천천히 눈을 떠. 너의 세상으로 돌아온 걸 환영해. 너는 거북이가 어떻게 늘 마음의 고요를 유지하는지 배웠어. 네가 언제 어디서든 편안한 집에 머물 수 있다는 것도 말이야.

너의 하루가 기쁨으로 가득하기를, 너의 삶이 기쁨으로 가득하기를!

오랑우탄이 사는 정글 사원

이 여행은 어떤 일이 쉽게 해결되지 않을 때 당황하지 않는 힘을 길러 준다. 융통성과 태연함을 갖추고 흐름을 따라가되, 포기하지 않고 장애를 극복하는 법을 알려 준다. 더불어 매 순간 알아차림을 통해 꼼꼼하게 생각하고 행동할 수 있게 해 준다.

⋮

자, 모험을 떠날 준비가 되었니? 오늘은 정글을 탐험해 보는 게 어때? 그 전에 모든 위대한 탐험가들처럼 너도 준비할 게 있어. 커다란 모자와 칼 같은 건 필요 없지만 우리의 목적지가 어디인지, 앞으로 무슨 일이 일어날지 미리 알고 있어야겠지. 지금부터 우리가 탐험할 정글에는 만들어진 지 천 년이 넘은 낡고 무너질 것 같은 사원이 하나 있어. 너무 오래되어서 나무들로 완전히 뒤덮여 있지. 전설에 따르면, 사원에는 늙은 오랑우탄이 살고 있는데 모르는 사람이 없을 만큼 지혜롭대. 우리는 바로 그 오랑우탄을 찾아 떠날 거야!

아직 준비할 게 하나 더 있어. 어쩌면 이제 너도 잘 알 거야. 마음속으로 여행을 떠나기 전에 먼저 호흡에 집중해야 한다는 걸 말이야. 편하게 앉거나 누워서 천천히 세 번 숨을 들이쉬고 내쉬어 봐. 마음이 편안해질 거야. 그러면 더 잘 여행할 수 있어. 발부터 시작해서 다리, 등, 배, 가슴, 어깨, 팔, 손, 머리, 얼굴까지 온몸이 편안해진다고 생각해 봐. 모두 아주 편안해. 숨도 편안해지지? 잠시 호흡을 관찰해 봐.

준비가 되었으니 출발해 볼까. 너는 지금 정글 한복판에 있는 강가에 서 있어. 강물이 천천히 흐르고 있어. 중간중간 큰 바위가 솟아 있는 곳에서만 물결이 조금 굽이치며 빨라져. 강가에는 나무들이 무성하고 나뭇가지와 뿌리가 물속까지 이어져 있어. 열대 덩굴 식물이 사방으로 뻗어 있어. 땅에는 처음 보는 화려한 꽃들이 자라고 있고 나무줄기와 가지에도 꽃들이 무성해. 원숭이도 보여. 하얗고 검은 꼬리를 둥글게 말고는 소리를 지르며 이 나무에서 저 나무로 뛰어다니고 있어. 화려한 색깔의 새들이 사방에서 큰 소리로 노래를 불러. 커다란 개구리들도 합창을 하고 있어. 정신이 하나도 없어, 그렇지? 지금껏 한 번도 들어본 적 없는 소리, 한 번도 본 적 없는 동물들이 가득해. 정말 흥미로워.

우선 강을 건널 방법을 찾아야 해. 아까 말한 그 사원은 강의 반대편에 숨어 있거든. 너는 다리를 찾아서 강의 오른쪽과 왼쪽을 살펴보지만 근처엔 바위만 몇 개 있을 뿐이야. 그때 갑자기 발 아래에서 초록색과 빨간색이 섞인 작은 개구리 한 마리가 폴짝폴짝 뛰어. 너에게 뭔가를 보여 주려는 게 분명해.

너는 그 개구리를 따라가. 개구리는 강 아래쪽으로 뛰어가더니 돌 몇 개와 나무줄기가 물속에 엉켜 있는 곳에 도착해. 개구리는 곧장 돌과 나무줄기 위를 폴짝폴짝 뛰어서 강 반대편으로 건너가. 너도 그렇게 할 수 있을 것 같아. 너는 용기를 내서 첫 번째 돌 위로 폴짝 뛰어. 이어서 두 번째 돌, 세 번째 돌로 뛰어가. 가끔 물에 빠질 것처럼 비틀대지만 빠지지는 않아. 이제 나무줄기를 타고 뛰어넘을 차례야. 힘차게 뛰어넘었더니 앞에 나무줄기가 하나 더 있어. 다시 한번 나무줄기를 타고 점프, 이제 한 번만 더 뛰어넘으면 될 것 같아…. 마침내 너는 강의 반대편에 도착했어. 아주 잘했어!

겨우 강을 건넜는데 또 다른 문제가 생겼어. 크고 작은 나무, 넝쿨, 꽃들로 빽빽한 숲이 벽처럼 앞을 가로막고 있어. 나뭇가지와 이파리들이 너무 빽빽하게 붙어 있어서 통과할 수 없을 것 같아. 어떻게 하지?

그때 빽빽한 수풀 안에서 무슨 소리가 들려. 가만히 보니 이파리 사이로 너를 바라보고 있는 두 눈이 있어. 호박색 눈이야. 그 두 눈을 알아차리기가 무섭게 검은색 얼룩무늬를 한, 황금색의 커다란 머리 하나가 쑥 하고 나오더니 같은 무늬를 가진 억세 보이는 몸이 뒤따라 나와. 와, 표범이야! 표범이 커다란 고양이처럼 갸르릉 대더니 자기 머리를 네 다리에 비벼 대. 그러고는 말해.

"너 지금 여길 지나가지 못할 것 같다고 생각하는 중이지? 내가 이 정글에서 돌아다닐 수 있다면 너도 그럴 수 있어. 나를 믿고 따라와 봐!"

표범이 몸을 돌리더니 조심조심 유연하게 두 나무 사이를 빠져나가. 너는 몸을 숙인 채 크게 한 걸음 디디며 표범을 따라가. 커다란 나무를 돌아가고, 머리를 깊숙이 숙여 걷기도 하고, 때로는 게처럼 옆으로 걷기도 하고, 때로는 네발로 기기도 하면서 앞장서 가는 표범을 따라가.

표범처럼 너도 아주 유연하게 나무와 수풀 사이를 빠져나가. 마치 너희 둘은 아까 강에서 본, 장애물을 만나면 돌아서 흐르는 물처럼 유연해. 네가 한 걸음 한 걸음 앞으로 나갈 때마다 길이 자연스럽게 열려. 막상 해보니까 처음 생각했던 것보다 훨씬 쉬운 것 같아. 너희는 정글 속을 계속 나아가고 있어. 여전히 새끼 원숭이들이 보이고 화려한 나비와 뱀과 도마뱀도 몇 마리 보여. 어때? 그 밖에 더 보이거나 들리는 게 있니?

표범이 걸음을 멈추고 말해.

"다 왔어. 여기가 네가 찾는 사원이야."

너에게도 사원이 보여. 나무와 수풀 사이에서 넝쿨에 반쯤 가려져 있는, 거의 무너진 듯한 사원이야. 무너진 조각상들이 널려 있고 커다란 회갈색의 벽돌들이 아직은 차곡차곡 쌓여 있는 곳도 있어. 그 벽돌들 위 맨 꼭대기에 오랑우탄이 양반다리를 하고 가만히 앉아 있어. 두 손은 무릎에 올려놓고 눈은 감고 있어. 그러고 보니 어쩐지 이곳은 아주 고요해. 새들도 나지막이 울고 원숭이들도 소리치지 않아. 네가 표범에게 말해.

"저 위에서 뭐 하시는 거야?"

"명상을 하고 계셔. 올라가 봐. 분명 너를 기다리고 계실 거야. 나는 여기서 기다리고 있을게."

너는 낡은 사원의 돌을 밟고 천천히 위로 올라가. 팔다리를 쫙쫙 펼쳐야 겨우 올라갈 수 있는 부분도 있지만, 어쨌든 점점 더 높이 올라가고 있어. 놀이터에 있는 벽하고 비슷해. 오르기 놀이를 할 수 있는 벽 말이야. 그것보다는 더 어렵지만.

꼭대기에 도착한 너는 오랑우탄 앞에 오랑우탄처럼 양반다리를 하고 앉아. 너는 오랑우탄을 자세히 살펴봐. 오렌지색 털, 무릎 위에 놓인 커다란 두 손, 편안하고 다정해 보이는 얼굴, 수염처럼 보이는 털들…. 그때 오랑우탄이 눈을 뜨고 너를 바라봐. 오랑우탄은 네가 여기에 있어서 기쁘다는 듯 미소 지어. 그리고 부드러운 목소리로 인사를 건네.

"_____야, 환영한다! 여기까지 오는 길이 힘들었겠구나. 나를 만나러 와 주어서 고맙다. 동물이나 사람들이 나를 찾아오는 건 대부분 무언가 물어볼 게 있어서지. 너도 질문이 있을 것 같구나. 만약에 그렇다면, 우리 잠시 함께 조용히 앉아 보자꾸나. 같은 리듬으로 호흡해 볼까? 그러면서 네가 생각하고 있는 질문을 머릿속에 떠올려 보렴. 그럼 답이 떠오를 거야. 어떤 그림이나 이야기가 떠오를 수도 있어. 그 안에 답이 있단다. 아니면 내가 너의 머릿속에서 답을 말해 줄 수도 있지. 자, 같이 몇 분간 호흡해 보자꾸나."

오랑우탄이 다시 눈을 감고 조용히 숨을 들이쉬고 내쉬어. 숨을 들이쉬고 내쉬고 또 숨을 들이쉬고 내쉬고….

오랑우탄이 천천히 눈을 뜨며 말해.

"내가 너의 질문에 대한 답을 주었길 바란다. 나는 네가 여기로 오는 길에 가장 중요한 것을 이미 배웠다고 생각하지만 말이야. 네 앞에 나타난 장애물을 너는 다 극복할 수 있었어. 장애물들을 똑바로 봤기 때문이지. 너는 작은 개구리를 잘 관찰했기 때문에 강을 건널 수 있었어. 그다음 표범을 잘 관찰했기 때문에 정글을 통과할 수 있었지. 너는 장애물들을 아주 유연하게 피했어. 부딪히거나 물리치면서 힘을 낭비하지 않았지.

그건 아주 영리한 행동이었어!

제대로 보기만 하면 언제나 해결책이 보인단다. 어떤 일이 금방 해결되지 않아도 쉽게 절망하지 않고 마음을 고요히 유지한다면 머지않아 해결책이 저절로 나타나게 되어 있어. 그리고 동물들을 관찰하면 배울 점이 많단다. 너는 오늘 아주 잘 관찰했고 배운 대로 잘 실행했어. 개구리와 표범은 훌륭한 선생님이었고 너는 아주 훌륭한 학생이란다!"

오랑우탄이 너를 향해 고개를 끄덕여 주고 손으로 네 어깨를 토닥여 줘.

"나는 명상을 계속하고 싶구나. 이제 너는 돌아가야 해. 원한다면 언제든 다시 찾아오렴. 어떻게 오는지는 잘 알고 있지? _____야, 잘 가고 또 보자꾸나!"

너는 오랑우탄에게 감사하다고 말하고 오랑우탄을 한 번 안아드려. 앗, 조심해! 오랑우탄들은 아이들 간지럼 태우기를 좋아하거든! 너는 다정하게 작별 인사를 건네고 자리를 떠나.

너는 사원의 벽돌 아래로 내려와. 표범이 너를 기

다리고 있어. 표범은 너의 발에 자기 머리를 비빈 다음 왔던 길을 되돌아가. 아까처럼 너는 표범을 잘 관찰하면서 뒤따라가. 이번에도 너는 크게 힘들이지 않고 정글을 통과해. 빽빽한 정글을 요리조리 빠져나오는 게 정말 재밌기까지 해. 강에 도착한 너는 표범에게도 고마웠다고 말하고 잘 가라고 인사를 건네.

표범이 다시 초록이 무성한 정글 속으로 사라지고, 너는 개구리를 찾기 위해 주변을 둘러봐. 하지만 아무도 없어. 개구리는 지금 가족과 함께 중요한 일을 하고 있는 게 틀림없어. 괜찮아. 이제 너는 혼자서도 강을 잘 건널 수 있어. 이미 한 번 잘 건넜잖아. 강을 유심히 관찰하고 나무줄기와 돌이 물속에 줄지어 있는 곳을 찾아봐. 그 위로 뛰어서 건너면 돼. 너는 할 수 있어. 확실해!

강의 맞은편에 도착했니? 잘했어, 아주 잘했어! 이제 여행에서 돌아올 때가 됐어. 너는 오늘 개구리, 표범, 오랑우탄으로부터 많은 것을 배웠어. 길이 없는 듯 보여도 언제나 이어지게 되어 있다는 걸 말이야! 오늘이나 내일, 네가 사는 집을 정글처럼 탐험해 보렴. 정원이나 마당도 좋고 바깥의 공원이나 숲도 좋아. 표범처럼 조용히, 유연하게 탐험하는 거야.

오랑우탄과 함께했던 명상도 다시 할 수 있어. 혼자 해도 되고 머릿속으로 오랑우탄을 찾아가 같이할 수도 있지. 언제나 오랑우탄은 누군가 옆에서 같이 호흡해 주는 걸 좋아해. 하지만 지금은 일단 눈을 뜨고 팔다리를 쭉 뻗어 봐. 지금 여기를 즐겨 봐. 정글 탐험에서 무사히 돌아온 걸 축하해!

너의 하루가 기쁨으로 가득하기를, 너의 삶이 기쁨으로 가득하기를!

마법사와 생명의 별

모든 아이는 소중하고 유일무이하며 대체할 수 없는 존재이다. 이 여행은 아이의 인생이 얼마나 기적 같은지를 암시한다. 더불어 아이가 모든 존재와 한 가족임을 깨닫고 소속감을 느끼게 해 준다.

마법사 이야기를 듣거나 읽어 본 적 있니? 뾰족한 모자를 쓰고 수염을 길게 기르고 별이 그려진 망토를 걸치고 마법 지팡이를 갖고 다니는 마법사 말이야. 너도 알지? 오늘 그런 마법사를 몇 명 만나 보는 건 어떨까? 마침 까마귀 홀에서 마법사들의 모임이 있거든. 원한다면 지금 바로 가 볼 수 있어.

그런데 잠깐, 여행 준비를 해야지! 마법사를 만날 때는 특히 맑은 정신으로 만나야 해. 마법사들이 마법을 부리면 머리가 약간 이상해지고 어리둥절해질 때가 있거든. 그러니까 정신이 맑고 고요한 상태에서 만나는 게 좋아.

우선 편안히 앉거나 누워 보렴. 눈을 감은 채 숨을 깊이 들이쉬고 내쉬어 봐. 이번에는 지난번과 다르게 세 번이 아니라 일곱 번 숨을 들이쉬고 내쉬어 보렴. 왜냐하면 '7'이 바로 마법의 숫자거든.

한 번, 두 번, 세 번, 네 번, 다섯 번, 여섯 번, 일곱 번 (아이의 호흡 속도와 리듬에 맞춰 숫자를 세어 준다).

자, 그럼 출발해 볼까? 너는 지금 아주 높고 가파른 산의 발치에 서 있어. 위로는 으스스한 산이 우뚝 솟아 있고 꼭대기에는 성이 하나 있어. 바위 위에 고정되어 있는 것 같아. 까마귀 홀이 있는 성이야! 너는 위로 올라가기만 하면 돼. 그런데 말처럼 쉽지 않아. 계단은커녕 길도 보이지 않아. 마법사들은 날아다닐 수 있어서 계단이 필요 없거든. 너는 산 주위를 돌아봐. 보이는 거라곤 가파른 돌벽뿐이야. 너무 가팔라서 기어 올라갈 수도 없어.

너는 풀숲에 털썩 앉아서 생각해. '음, 날개가 있다면 날아올라 갈 수 있을 텐데….' 하지만 너에겐 날개가 없어. '산양이라면 쉽게 올라갈 수 있을 텐데….' 하지만 넌 산양이 아니야. 어떡하지? 그런데 그때 산양이 우는 소리가 들려.

"매애, 매애."

눈처럼 하얗고 큰 산양이 너에게 달려와 말해.

"매애, 너 지금 까마귀 홀이 있는 성으로 가고 싶은 거야? 내가 너를 태우고 갈 수 있어. 원한다면 말이야. 나는 네가 탈 수 있을 만큼 덩치가 크거든."

너는 조심조심 산양의 등에 올라타서 수북한 털을 꼭 붙잡아. 산양은 종종거리며 걷다가 어떤 바위 위에서 무릎을 바짝 굽히더니 풀쩍 뛰어올라. 헉! 하마터면 너는 산양의 등에서 굴러떨어질 뻔했어. 하지만 산양은 아랑곳하지 않고 다시 위로 뛰어올라. 이 바위에서 저 바위로 풀쩍풀쩍, 대단해! 전혀 흔들림이 없어. 손바닥만 한 돌 위에서도 산양은 1초도 주저하지 않고 풀쩍 뛴 다음 정확하게 다음 돌 위에 착지해. 그렇게 산양은 계속 위로 뛰어 올라가. 산양의 목덜미를 꼭 붙들고 있어야 해!

마침내 너희는 꼭대기에 도착했어. 산양은 수백 미터를 뛰어 올라왔는데도 조금도 헐떡이지 않아. 그게 산양이야. 산양은 원래 산을 잘 오르잖아! 이제 너희는 성문 앞에 서 있어. 문 왼쪽 벽에 난 작은 창문으로 초록색 얼굴을 한 난쟁이 정령이 고개를 빼꼼 내밀어. 난쟁이 정령이 너희를 올려다보면서 말해.

"무엇을 원하니?"

"뭘 원할 것 같아?"

산양이 되묻고는 다시 말해.

"당연히 성안으로 들어가려는 거지. 어서 문을 열어 꼬맹이!"

산양은 고개를 절레절레 흔들고는 너의 귓가에 대고 속삭이듯 말해.

"이 난쟁이 정령은 늘 저렇게 잘난 척을 한다니까. 그래도 착하긴 해!"

끼익 소리를 내며 성문이 열려. 네 무릎 정도밖에 안 되는 키를 가진 난쟁이 정령은 재밌는 옷을 입고 있어. 그 위에 자기가 직접 만든 게 분명한 커다란 휘장을 두르고 있지. 정령이 정중하게 허리를 숙여 인사하더니 안으로 들어오라고 해. 성으로 들어선 너는 깜짝 놀라. 사방의 돌벽이 수정으로 되어 있고 거기에서 나오는 은은한 빛이 기분 좋은 분위기를 만들고 있어.

너는 산양과 함께 몇 개의 복도를 지나. 하나씩 지날 때마다 복도는 더 아름다워져. 제일 아름다운 마지막 복도를 지나자 커다란 홀이 나타나. 그곳에 마법사 여섯 명이 모여 있어. 다들 기다란 흰 수염을 한 채 조금 어수선해 보이는 망토를 두르고 재밌는 모자를 쓰고 있어. 그리고 모두 손에 마법 지팡이를 쥐고 있어. 마법 지팡이는 상상했던 것만큼 작지 않고 큰 나뭇가지만 해. 마법사들이 몸을 기대고 있는 지팡이 끝에는 반짝이는 수정이 달려 있어. 마법사 한 명이 쩌렁쩌렁한 목소리로 말해.

"너희는 누구냐?"

초록색 망토에 낙엽으로 치장한 초록색 고깔모자를 쓴 마법사야. 마법 지팡이 끝에 달린 수정도 초록색이야. 산양이 말해.

"이 아이는 내가 데리고 온 손님이네!"

산양이 뒷다리를 쭉 펴더니 네 눈앞에서 온몸을 하얀 옷으로 두른 나이 든 마법사로 변신해. 그리고 너를 향해 장난치듯 큰 눈을 찡끗해 보여. 다른 마법사들도 너만큼 어리둥절한 모양이야. 산양으로 변신하는 것쯤은 간단한 마법이라는 걸 모를 리가 없을 텐데도 말이야. 다른 마법사 중 한 명이 말해.

"알았네, 알았어. 보린 아이스바트가 또 우리를 속

였구면."

　나머지 마법사들도 모두 웃어. 보린 아이스바트는 여전히 네 옆에 서서 너를 다른 마법사들에게 소개해 줘. 빨간색 옷의 마법사는 불의 마법사야. 파란색 옷의 마법사는 물의 마법사고 갈색 옷의 마법사는 땅의 마법사야. 초록색 옷의 마법사는 숲의 마법사고 회색 옷의 마법사는 돌의 마법사, 투명해 보이는 마법사는 공기의 마법사야. 그리고 보린 아이스바트는 모든 마법에 통달한 최고의 마법사야. 소개를 마친 보린 아이스바트가 이어서 말해.

　"오늘 내가 너를 여기에 데리고 온 건 네가 진짜 마법사들을 만나고 싶어 했기 때문이란다. 너는 때로 직접 마법을 부리고 싶어 하지. 특히 숙제하기 싫을 때 숙제를 끝내 주는 마법을 부리고 싶어 하지. 그럴 수 있어. 하지만 오늘 나는 너에게 마법을 부리는 것보다 훨씬 더 좋은 것을 보여 주고 싶구나. 바로 마법이 되는 것 말이야!"

　다른 마법사들이 동의한다는 듯 고개를 끄덕이더니 너와 보린 아이스바트와 함께 둥그렇게 원을 그리며서. 다 함께 주문을 외우자 원 중앙에 검은 구슬이 하나 나타나더니 원을 가득 채울 만큼 커져. 구슬은 작은 빛의 점들로 가득해. 보린 아이스바트가 말해.

"별들이란다."

그중 큰 별 몇 개가 너에게 천천히 다가오더니 점점 더 커져. 너는 그게 행성이란 걸 알게 돼. 푸른 행성은 당연히 지구야. 지구가 더 가까이 다가오자 그 안에 있는 대륙, 해변, 바다, 땅, 산, 강을 다 볼 수 있어. 너는 파도가 치는 어떤 해변을 보고 있어. 자세히 보니 뭔가 이상한 게 해변 쪽으로 기어 나오고 있어. 물고기처럼 보이지만 두 발로 해변을 기어 나오고 있어. 그러더니 점점 변신해. 발 달린 물고기에서 도마뱀으로, 다시 작은 쥐 같은 모습으로 변신해. 이어서 작은 원숭이로 변신한 뒤 두 팔로 나무에 매달려 이 가지에서 저 가지로 흔들흔들 옮겨 다녀.

원숭이는 계속 변신해서 커다란 침팬지 같기도 하고 고릴라 같기도 한 유인원이 돼. 이번에는 나무 아래로 내려가. 거기서 몸을 쭉 일으키더니 마지막으로 사람이 되어 햇살 좋은 들판 사이를 걸어가. 그 사람은 여자야. 임신한 여자. 그다음 순간 여자는 팔에 아기를 안고 있어. 아기는 어느새 자라서 기어다니다가 걷다가 뛰어다니면서 놀아. 아이가 된 거야. 그 아이는 어디서 많이 본 듯한 모습이야. 조금 더 자란 모습을 보니까 이제 알겠어. 그 아이는 바로 너야!

～◎～

그 아이가 너를 보며 미소 짓더니 펑 하고 눈앞에서 사라져. 그 아이는 네가 되어 까마귀 홀에서 일곱 마법사와 함께 원을 그리고 서 있어. 모두 너를 보며 미소 짓고 있어. 잠시 주위가 아주 조용해져.

～◎～

"이것이 세상에서 가장 큰 마법이란다!"
보린 아이스바트가 말해.
"어디선가 나타난 생명이 멈추지 않고 자라서 마침내 네가 태어났지. 너는 이 세상에서 가장 큰 마법의 결과란다. 지구에서 가장 중요한 부분이 바로 너란다! 너는 지금까지 살았던 모든 생물, 지금 살아 있는 모든 생물의 친척이란다. 모든 사람, 모든 동물의 친척이지. 심지어 모든 식물과 돌, 구름과 별의 친척이기도 해. 상상할 수 있겠니?"

104

너는 몇 분 동안 아무 말도 할 수 없어. 하지만 보린 아이스바트의 말이 맞는 것 같아. 세상에서 가장 큰 마법은 바로 삶이야. 너 역시 그 마법의 일부지. 아까 보린 아이스바트가 '마법이 되는 것'이라고 했던 말은 그런 의미였어. 보린 아이스바트가 말해.

"이 기분을 잊지 말렴. 네가 태어난 건 정말 기적 같은 일이란 걸 한시도 잊지 말 거라. 그리고 네가 태어나서 온 세상이 기뻐하고 있다는 것도 꼭 기억해! 매일 살아 있음이 얼마나 놀라운 일인지, 모든 곳에 친척과 친구가 있음이 얼마나 놀라운 일인지, 네가 꼭 알기를 바란다. 인간, 동물, 식물, 돌도 다 우리의 친구란다. 이제 알겠니? 진정한 마법이 무엇인지?"

다른 여섯 마법사가 너에게 작별 인사를 건네고 멋진 무늬가 조각된 커다란 나무 문을 지나 옆방으로 가. 남은 건 보린 아이스바트와 너뿐이야. 보린 아이스바트가 무릎을 꿇더니 다시 산양으로 변신해. 그의 몸에서 털이 자라고 머리에서 뿔이 생기고 손발이 발굽으로 변하는 게 너무 신기해. 산양이 말해.

"매애, 내가 너를 다시 산 아래로 데려다줄게."

너는 산양의 등에 올라타. 산양은 우아하게 방을

뛰어나와 난쟁이 정령을 지나고 성문을 지난 다음 벼랑 끝에 서. 그리고 조금씩 아래로 내려가. 너는 산양의 목털을 꽉 붙잡아. 산양이 얼마나 우아하고 빠르게 산을 내려가는지 정말 믿을 수가 없을 지경이야. 산 아래에 도착한 너는 산양의 등에서 내려와 산양을 바라봐. 산양이 자신의 이마를 너의 이마에 비비며 말해.

"네가 마법이야. 세상에 너 같은 사람은 없어. 너는 지금 모습 그대로 소중해. 삶은 지금 그대로의 너를 원하고 사랑해. 네가 어디를 가든 친구와 친척들이 있을 거야. 잘 가렴, 인간의 아이야. 너라는 마법을 만나게 되어 무척 기뻤어!"

너는 보린 아이스바트에게 감사를 전하고 잘 가라고 인사를 해. 원한다면 산양의 귀를 가볍게 만져도 돼. 하고 싶은 말이 있다면 얼마든지 해도 좋아.

마지막으로 한 번 더 산양은 자신의 이마를 너의 이마에 대더니 몸을 돌려 산 위로 뛰어 올라가. 얼마나 잘 올라가는지 너는 또 한 번 놀라워해.

이제 숨을 세 번 깊이 들이쉬고 내쉬렴. 그러는 동

안 마법에 대해 생각해 봐. 네가 그 일부라고 했던 마법, 모든 것에 생명을 주는 놀라운 마법 말이야. 그리고 천천히 눈을 떠.

너의 하루가 복되기를, 너의 삶이 복되기를!

달 할머니와 빛의 손

이 여행은 차분히 내면을 들여다보고 자기 감정을 설명하는 법을 알려 준다. 방해받지 않는 자기만의 정신적 공간이 필요하고 상상력이 풍부한 아이에게 특히 좋은 여행이다.

⋮

오늘은 드넓은 우주로 여행을 떠나 볼 거야. 조용하고 편안하게 여행을 즐길 수 있는 장소를 찾아봐. 그곳에 누워도 좋고 앉아도 좋아. 네가 가장 원하는 대로 하렴. 그리고 눈을 감아. 그래야 상상력을 깨워서 멋진 여행을 떠날 수 있어. 숨을 세 번 깊이 들이쉬고 내쉬어. 숨을 한 번씩 들이쉬고 내쉴 때마다 점점 더 편안하고 포근해질 거야.

이제 시작해 볼까? 너는 지금 어떤 들판에 서 있어. 이미 해가 지고 있어. 아직 어둡지는 않지만 이미 달이 하늘 높이 떴어. 완벽한 보름달이야.

들판 가장자리에 나무들이 보여. 그곳에서 작은 숲이 시작돼. 숲으로 들어가는 길이 보여. 왠지 그 숲은 아주 특별한 곳처럼 느껴져. 숲이 너에게 마법이라도 건 것 같아. 수천 년 전 사람들에게 그랬던 것처럼 말이야. 한번 가 볼까? 어떤 나무들인지 알겠어? 나무 송진 냄새를 맡아 볼래? 아니면 나뭇잎 향기를 맡아 봐.

너는 숲으로 몇 발자국 들어가. 주변을 한번 둘러볼래? 새들이 퍼덕거리는 소리, 노래하는 소리가 들릴지도 몰라. 올빼미가 울면서 해가 지고 있음을 알릴지도 몰라.

조금 떨어진 곳, 길 중간에 작은 노루 한 마리가 앉아 있어. 너를 유심히 보고 있어. 너를 기다리고 있는 것 같아. 그래도 괜찮을 것 같아서, 너는 주저 없이 노루에게 다가가. 노루는 도망치지 않아. 너를 무서워하지 않아. 오히려 네가 오기를 기다렸다는 듯이 기뻐하는 것 같아. 원한다면 노루의 머리와 등을 쓰다듬어도 돼.

작은 노루는 사랑스럽게 고개를 숙이더니 머릿짓으로 따라오라고 해. 어느새 노루가 뛰기 시작해. 너도 뛰어서 따라가. 노루는 길을 벗어나 나무 사이를 뛰어가. 사람들이 가지 않는 길이야. 뭔가 신나고 막 설레는 느낌이야. 나무들 사이 이끼와 뿌리로 뒤덮인 땅을 밟으며 깊은 숲속으로 모험을 떠나는 것 같아.

그러다 숲속 공터에 도착했는데, 중앙에 커다란 돌이 하나 있어. 마치 어떤 거인이 가져다 놓은 것 같아. 아주 커서 무거워 보여! 돌 주위로 크고 작은 돌들이 놓여 있어. 노루가 머릿짓으로 그것들을 둘러보라고 해. 자세히 보니 중앙의 큰 돌 위로 올라갈 수 있게 주변의 작은 돌들이 계단처럼 쌓여 있어. 어느새 하늘 높이 솟은 보름달이 거의 직선으로 그 커다란 돌을 내리쬐고 있어. 달빛에 휩싸인 돌이 신비로워. 어쩐지 너는 그 위로 기어 올라가고 싶어. 어려울 게 없지. 너는 원래 뭐든 잘 기어 올라가니까!

너는 주변의 돌을 타고 쉽게 중앙의 큰 돌 위로 올라가. 그동안 달도 조금씩 더 움직여. 마침내 네가 큰 바위 위에 올라가 당당히 서자 달빛도 그곳에 도착해 너를 비춰. 달이 정확하게 너와 돌 바로 위에 떠 있는 거야. 너는 무언가에 끌리듯 위를 올려다봐. 그때 달빛이 움직이더니 어떤 모양을 하나 만들어. 밝고 투명한 손이야. 그 손이 위로 올라오라며 너를 초대해. 달이 보내는 손짓이 왠지 기쁨과 믿음을 줘. 너는 주저 없이 두 팔을 쭉 뻗어.

　　투명한 손이 네 손을 잡더니 너를 쑥 하고 위로 끌어 올려. 밤의 하늘 속으로 높이 더 높이 끌어 올려. 너는 나무, 구름, 별들 사이를 미끄러지듯 날아올라. 점점 더 높이 올라가. 그 손이 부드러운 목소리로 말해.

　　"너를 달 할머니에게 데려갈 거야. 달 할머니는 우리 감정을 보호해 줘. 너는 달 할머니에게 네가 어떤 일에 감동하는지, 무엇을 느끼는지 다 말할 수 있어. 오랫동안 알고 싶었던 게 있다면 그것도 다 물어볼 수 있어. 걱정되는 일이나 슬픈 일이나 무서운 일이나 화나게 하는 일이나 짜증 나게 하는 일, 뭐든 다 털어놓고 조언을 구할 수 있어. 달 할머니는 믿어도 돼. 분명 너를 도와주실 거야!"

　　너는 이제 너무 높이 올라와서 더 이상 올라갈 곳이 없을 것 같아. 그때 아까 그 목소리가 또 들려와.

　　"곧 있으면 도착할 거야. 놀라지 마. 할머니가 아니라 젊은 여자가 나타나도 말이야. 아니면 상상도 할 수 없는 무언가가 나타날 수도 있어. 달 할머니는 무엇으로든 변신할 수 있거든. 젊어질 수도 있어. 이 기회를 잘 이용해서 궁금했던 걸 물어봐. 나는 이따가 다시 올게.

그때 네가 행복해하는 모습을 볼 수 있으면 좋겠어!"

　　너는 지금 끝없이 멀고 높은 하늘 위, 우주 속에 있어. 너는 잠시 무엇을 질문할지 생각해. 평소 궁금했던 게 있다면 얼마든지 물어봐도 괜찮아.

〽️

"사랑스러운 인간의 아이야, 나를 만나러 와 주다니 기쁘구나! 반갑다!"

　　생각에 빠져 있던 너는 뒤에서 들려오는 인자한 목소리에 깜짝 놀라. 달 할머니가 어떻게 생겼는지 너무 궁금해서 너는 천천히 몸을 돌려. 얼굴이 보여?

　　"내가 감정을 보호한다는 말을 이미 들었겠지?"

　　달 할머니의 말에 너는 고개를 끄덕여. 아니면 그렇다고 대답해.

　　"내가 도와줄 게 있니? 나에게 털어놓고 싶은 게 있어? 내가 기꺼이 도와주마. 궁금한 게 있으면 무엇이든 물어보렴. 때로 우리 영혼은 그 답을 말이 아니라 그림으로 보여 준다. 그래서 너는 인간들이 서로 말할 때처럼 소리를 듣는 게 아니라 그림을 보게 될 수도 있어. 아니면 영화 같은 장면들이 지나갈 수도 있고. 그것도 아니면 마음속에서 어떤 느낌이 들 수도 있어. 한번 해 볼래?"

무엇을 말할지 혹은 질문할지 정했어? 시간은 충분하니까 잘 생각해 보고 질문해. 그리고 대답을 들으면 달 할머니에게 감사하렴.

이제 돌아가야 할 시간이야. 달 할머니가 너에게 들려준 답, 그림이나 느낌을 다시 한번 되새겨 봐. 그리고 천천히 작별 인사를 하렴. 원한다면 다시 한번 감사해도 좋아. 너는 언제든 달 할머니를 찾아와서 무엇이든 또 질문할 수 있어. 달 할머니는 늘 여기서 너를 기다리고 있고, 네가 오면 언제나 기뻐할 거야.

빛의 손이 나타나 너를 집으로 데려가려 해. 너희 둘은 함께 지구로 돌아갈 준비를 해. 별들을 지나고 다른 행성들을 지나쳐. 지구가 점점 가까워지고 있어. 너의 고향, 우주에서 유일하게 푸르고 파란 행성 말이야. 아래로 내려올수록 들판도 보이고 집들도 보이고 숲도 보여. 여행을 시작했던 그 숲에 다다를 때까지 계속 아래로 내려와. 저 멀리에 작은 노루가 서서 크고 검은 눈으로 너를 올려다보는 게 보여. 노루는 아까 그 큰 돌 옆에서 너를 기다리고 있어. 네가 다시 숲을 나갈 수 있게 도와주려고 기다리고 있는 거야.

빛의 손이 너를 부드럽게 큰 돌 옆에 내려놓아. 작은 노루가 천천히 다가와 반갑다는 듯 너에게 몸을 비벼. 이제 빛의 손과 작별할 시간이야. 금방 또 만나겠지만 말이야. 원하면 너는 언제든지 돌아올 수 있어! 달 할머니가 그렇게 말했으니까. 빛의 손에게 감사하렴. 그리고 하고 싶은 말이 있다면 해도 좋아.

노루가 날이 너무 어두워졌으니 서두르자고 해. 이제 정말 집에 가야 할 시간이야. 너는 노루를 따라 나무와 가지 사이를 지나고 떨어진 나뭇가지들을 건너뛰면서 길 없는 길을 걸어 다시 들판으로 나와. 오늘 이 작은 모험을 시작했던 곳이지. 노루와도 작별해야 할 시간이야. 노루도 자기 가족에게 돌아가야겠지? 너는 노루를 조심스럽게 안아 줘.

노루가 나무 사이로 사라져 가는 모습을 지켜봐. 원한다면 하늘에서 밝게 빛나는 보름달을 한 번 더 올려다볼래? 손을 흔들어 봐. 달 할머니도 손을 흔들어 주는 게 보여?

다시 천천히 숨을 세 번 들이쉬고 내쉬렴. 그러는 동안 지금 편하게 앉거나 누워 있는 네 몸을 느껴 봐. 네가 지금 어떤 방에 있는지 느껴 봐. 손가락과 발가락을 천천히 움직여 봐. 기지개를 켜고 스트레칭을 하고 싶다면 그렇게 해. 이제 천천히 눈을 떠. 다시 네 가족에게 돌아온 걸 환영해.

너의 하루가 기쁨으로 가득하기를, 너의 삶이 기쁨으로 가득하기를!

인디언 할아버지의 위대한 노래

이 여행을 통해 아이들은 세상을 구성하는 요소들에 대해 배울 수 있다. 또한 자신이 하늘, 땅, 세상에 사는 모든 존재에 속해 있음을 느낄 수 있다. 어디에 있든 집처럼 편안할 수 있음을 알게 되고 우리가 속한 세상의 노래를 들을 수 있다.

⋮

오늘은 지혜로운 인디언 할아버지에게 가 볼 거야. 인디언 할아버지는 사람들이 질문을 가지고 찾아올 때마다 훌륭한 조언을 해 주시지. 하지만 그냥 할아버지와 함께 잠시 앉아 있고 싶어서 찾아오는 사람도 많아. 할아버지한테는 언제나 배울 점이 있어. 왜냐하면 할아버지는 어릴 때부터 동물들의 말을 듣고 말할 줄 알았거든. 그래서 동물들로부터 많이 배울 수 있었고, 배운 것을 세상에 전해 주고 계신 거야. 할아버지는 여행 중이라 매일 다른 곳에서 주무신단다. 그래서 찾아가기 힘들 때도 있어. 하지만 할아버지가 어디에 계신지 아는 동물을 꼭 한 마리 만나게 되어 있어. 어때? 지혜로운 인디언 할아버지를 찾아가 볼 테야?

좋아, 그럼 떠나 보자. 우선 편하게 앉으렴. 어딘가에 기대도 되고 양반다리를 하고 앉아도 돼. 상관없어. 눕는 게 좋으면 그렇게 해도 돼. 네가 가장 원하는 대로 하렴. 이제 숨을 세 번 깊이 들이쉬고 내쉬어. 그러는 동안 인디언 할아버지를 만나게 해 달라고 빌어 봐.

너는 지금 열대 초원에 있어. 네 주변을 감싸고 있는 초원이 점점 더 분명하게 보일 거야. 군데군데 풀이 모여 자라고 있고, 너는 그 풀 무더기 한 곳에 서 있어. 위로는 파란 하늘에 하얀 구름이 줄무늬를 이루고 있어. 메마른 풀 위로 햇살이 쏟아지고 군데군데 작은 섬처럼 덤불과 나무가 모여 있어. 저 멀리 지평선에 모래색의 산이 있네. 어떤 산은 꼭대기가 뾰족하고 어떤 산은 세월이 흐르는 동안 깎여서 둥글게 패여 있어.

인디언 할아버지가 어디에 계신지 몰라서 너는 그냥 산 쪽으로 걸어가. 너는 할아버지를 만나게 될 걸 알기에 걱정하지 않아. 그냥 천천히 한 발씩 걸어. 마른 풀이 발에 스치며 샥샥 소리를 내. 너는 편하게 숨을 쉬면서 조용히 걸어가. 멀리 보이는 풍경이 어쩐지 기분을 좋게 해 줘.

한동안 걷다 보니 어떤 나무 그늘에 들소 한 마리가 서 있는 게 보여. 들소는 머리가 크고 단단해 보여. 두꺼운 머리털 사이로 두 개의 뿔이 나 있어. 그 아래 크고 다정한 갈색 눈이 너를 보고 있어. 들소가 말해.

"너, 인디언 할아버지 찾고 있지? 원한다면 할아버지가 오늘 어디에 계신지 내가 알려 줄게."

네가 고개를 끄덕이자 들소가 걷기 시작하고 너도 옆에서 같이 걸어. 한 발짝 걸을 때마다 들소의 발굽이 일으키는 마른 흙먼지가 너의 옷과 피부와 얼굴에 휘날려. 그렇게 한참을 걸어가. 너는 머리부터 발끝까지 갈색의 흙먼지로 덮여 버려. 들소가 웃으면서 말해.

"흙먼지가 햇볕으로부터 너를 보호해 줄 거야. 조금 우스꽝스러운 모습이긴 하지만."

잠시 후 거대한 탁자처럼 보이는 돌산이 하나 나타나. 옆면은 벽처럼 수직이고 윗면은 평평해 보여. 너희는 돌산 밑을 한 바퀴 돌아봐. 그런 다음 원래 자리로 와 보니 돌산 밑에 구멍이 하나 나 있어.

"나는 더 이상 너랑 같이 갈 수 없어. 내가 지나가기엔 구멍이 너무 작아. 하지만 너는 안으로 기어 들어갈 수 있지. 저 안에 길이 있어. 그 길을 따라 올라가면 돌산 위로 갈 수 있을 거야. 거기에 인디언 할아버지가 계셔. 나는 여기서 기다리고 있을게."

너는 조심스럽게 구멍 속으로 기어 들어가. 정말로 그 안에는 사람들이 많이 다닌 듯한 회오리바람 모양의 길이 위쪽으로 나 있어. 너는 그 길을 돌고 돌아 위로 올라가. 어둡지 않아서 넘어질 일은 없어.

돌산 위에 도착해 보니 다시 밖이야. 너는 산꼭대기 중앙에 서 있어. 가장자리에 등을 지고 앉아 있는 인디언 할아버지가 보여. 거기에서 열대 초원을 내려다보고 있는 것 같아. 천천히 그리고 조용히 너는 할아버지에게로 가. 방해하거나 놀라게 하고 싶지 않으니까. 할아버지로부터 네 걸음 정도 떨어진 곳에 도착했을 때 할아버지가 뒤돌아보지 않고 말해.

"애야, 멈추렴. 잠깐 거기에 있어 주겠니? 내 옆에 앉으려면 앞으로 네 걸음을 아주 주의해서 걸어야 한단다. 할 수 있겠니?"

어떻게 대답해야 할지 몰라 하는 너에게 할아버지가 다시 또 말해.

"흠, 당연히 할 수 있지. 먼저 신발을 벗어 옆에 두렴. 이 신성한 바닥은 맨발로 걷는 게 제일 좋아."

"좋아, 이제 첫걸음을 떼려무나. 그 첫걸음은 땅을 위해 걷는 거야. 땅은 우리 모두의 어머니지. 발을 아주 천천히 주의해서 움직이렴. 그리고 발바닥에서 느껴지는 땅을 느껴 봐. 그 땅이 얼마나 단단히 너를 받쳐 주고 있는지 느껴 보렴."

"아주 잘했어. 이어서 다음 걸음은 물을 위해 걷는 거야. 물은 모든 인간과 동식물과 땅에게 영양분을 제공하지. 그리고 매일 마실 것을 준단다. 그런 물을 위해 한 걸음 내디뎌 보렴."

"정말 잘하고 있어. 다음은 불을 위해 걸을 차례야. 불은 우리를 따뜻하게 해 주지. 태양의 불은 우리를 살아 있게 하고, 밤에 피우는 모닥불은 우리가 누구이고 어디에서 왔는지 이야기해 주지. 불은 우리 심장에도 있어. 그래서 우리는 감동하고 사랑도 할 수 있는 거야. 불을 존경하는 마음으로 천천히 한 걸음 내디뎌 봐."

"아주 좋아. 마지막 걸음을 내디딜 차례야. 이번에는 우리가 들이쉬고 내쉬는 공기, 다른 모든 친구와 나누기도 하는 공기를 위해 걸을 거야. 공기는 우리를 둘러싼 채 우리 모두를 연결해 주지. 주의 깊게 마지막 걸음을 공기에게 바치며 나에게로 오렴."

"_____야, 정말로 잘했어. 여기 내 옆에 앉으렴. 그리고 저 아래 풍경을 감상해 보렴."

너는 천천히 인디언 할아버지 옆에 앉아 초원을 바라봐. 초원이 끝없이 펼쳐져 있어. 풀·넝쿨·바위가 보이고, 휘파람을 부는 프레리도그와 코요테도 몇 마리

보여. 들소 가족도 보여. 하늘 위에는 매 한 마리가 둥글
게 원을 그리며 날고 있어.

꧁

인디언 할아버지가 말해.

"저 드넓은 초원이 다 너의 집이란다. 세상 어디를
가든 그곳이 너의 집이야. 네가 어디에 있든 너는 형제
자매인 사람들, 동물들, 식물들에 둘러싸일 거야. 아버
지 하늘, 어머니 땅이 네가 거기에 있어 줘서 기뻐할 거
야. 너는 다른 모든 것들처럼 이 세상의 중요한 일부란
다. 저 풀도, 나무와 강도, 산과 바다도, 매와 들소와 코
요테도 다 중요해. 너와 나도 마찬가지란다. 네 얼굴과
머리에 묻은 이 흙먼지조차 소중해. 개미와 곰도 중요
해. 우리 모두가 지금 이 세상을 만들고 있단다. 살기 좋
은 이 멋진 세상을 말이야!"

너는 인디언 할아버지와 함께 열대 초원을 바라
봐. 그때 할아버지가 이해할 수 없는 말로 노래를 부르
기 시작해. 매의 울음소리가 그 노래와 잘 어울려. 들소
의 천둥 같은 울음이 그 노래에 특별한 리듬을 만들어
줘. 할아버지는 코요테의 울음에도 답을 해 줘. 너의 숨

소리와 심장이 뛰는 소리마저 그 노래의 일부가 된 것 같아. 또 어떤 동물 소리가 들리니? 혹시 아버지 하늘이 보내는 바람 소리도 들려? 어머니 땅의 심장이 뛰는 소리는 어때?

인디언 할아버지의 노랫소리가 잦아들자 다른 소리도 잦아들어. 할아버지가 너를 보며 말해.

"모두가 함께 부르고 모두에게 스며드는 위대한 노래란다. 가끔은 이 노래가 들리지 않기도 해. 하지만 이 노래는 언제나 불리고 있지. 너의 목소리, 너의 숨소리, 너의 심장이 뛰는 소리가 이 노래를 정말 아름답게 만들어 준단다!"

할아버지는 너를 보고 오래오래 웃어 주셔.

이제 할아버지와 헤어질 때가 된 것 같아. 곧 해가 질 테고, 그 전에 너는 집으로 돌아가야 하니까. 너는 좋은 말씀과 지혜를 전해 주신 할아버지에게 감사하다고 말하고 안녕히 계시라고 인사해.

너는 자리에서 일어나 신발이 있는 곳으로 간 다음 신발을 신고 다시 돌산 안으로 들어가. 회오리 모양의 길을 따라 아래로 내려가. 끝까지 내려와서 구멍을 빠져나와 다시 초원으로 나가. 아까 만난 들소가 너를 기다리고 있어.

"돌아왔구나."

너희는 함께 왔던 길을 되돌아가. 잠시 후 너는 처음 들소를 만났던 나무가 있는 곳에 도착해. 들소와도 작별 인사를 나누고 헤어져. 너는 혼자서 조금 더 걸어가. 기분 좋은 초원의 풍경을 충분히 즐긴 후에 천천히 눈을 뜨렴.

너의 하루가 복되기를, 너의 삶이 복되기를. 네가 세상이라는 커다란 가족의 중요한 일원임을 항상 잊지 말기를!

동물위원회와 숲의 심장

이 여행은 연대와 우정의 경험을 통해 아이가 외로움과 슬픔을 극복하게 해 준다. 또한 자기 내면의 힘과 동물들이 가진 힘을 발견함으로써 자존감을 강화할 수 있다.

편하게 앉거나 누우렴. 그 상태로 네 몸의 구석구석을 느끼면서 긴장을 풀어 보는 거야. 먼저 발에서 힘을 빼고 이어서 다리, 엉덩이, 등, 어깨에서 힘을 빼. 다음으로 배, 가슴, 팔, 손, 목, 머리에서 힘을 빼고 마지막으로 얼굴의 힘을 빼 보렴.

몸의 긴장이 다 풀렸니? 그럼 숨을 세 번 깊이 들이쉬고 내쉬렴. 자, 이제 여행을 떠나 보자.

너는 지금 푸른 언덕 위에 서 있어. 주변에는 온통 초록색 언덕뿐이야. 높은 언덕도 있고 낮은 언덕도 있어. 어떤 언덕은 끝이 뾰족하고 어떤 언덕은 납작해. 언덕들 사이로 작은 물줄기가 보여. 햇살을 받은 물줄기가 은색으로 반짝거려. 초록색 풀 위로 여기저기에 작은 바위들이 솟아 있어.

멀리 지평선 가까이에는 거대한 숲이 그늘을 만들고 있어. 숲에는 아름다운 나무들이 빽빽해. 숲은 수많은 동물이 살아가는 초록의 집이지. 생명이 살아 있는 집. 그 숲이 너를 부르고 있는 게 느껴지니? 숲에 뭔가가 있어. 진짜 목소리는 아니지만 무언가가 네 심장을 울리며 너를 부르고 있어. 숲 혹은 숲의 주민이 너에게 무언가 중요한 것을 말해 주려는 것 같아.

그때 하늘에서 독수리가 고함치는 소리가 들려. 고개를 들어 보니 독수리가 머리 위를 맴돌고 있어. 독수리는 빙글빙글 돌면서 점점 더 네 쪽으로 가까이 내려와. 노란색 부리, 하얀 머리털과 커다란 갈색 날개를 가진 독수리야. 독수리가 날개를 퍼덕이면서 네 옆에 내려앉아. 독수리의 날갯짓이 일으키는 바람이 느껴져. 하늘의 왕이라고 불리는 큰 독수리야. 독수리가 말해.

"숲의 목소리가 들리니? 숲이 너를 부르는 소리가 들려? 동물위원회가 열리고 있어. 나는 그곳에 너를 데려가는 임무를 맡았지. 인간도 위원회에 참석해야 하거든. 나랑 같이 가겠니?"

너는 고개를 끄덕여. 동물위원회의 초대를 받았다니 영광이야. 문제는 숲이 너무 멀리 떨어져 있어서 어떻게 가야 할지 모르겠어. 독수리가 네 생각을 읽었는지 이렇게 말해.

"숲은 멀지만 아주 빨리 도착할 방법이 있지. 내가 널 태우고 날아갈 거라고 생각했다면, 그건 아니야. 오늘은 그보다 더 멋진 경험을 하게 해 줄게."

독수리가 고개를 숙이더니 너에게 입김을 내뿜어. 그러자 독수리 부리 안에서 혹 하고 작은 황금 구름이 터져 나와. 그 구름이 네 양어깨에 내려앉더니 양팔로 번져 가. 팔이 따뜻해지고 간지러운 것 같아. 네가 두 팔을 힘껏 펼치자 팔에서 황금색 깃털이 자라나기 시작해. 점점 더 많이, 점점 더 길게 큰 깃털들이 자라나더니 어엿한 날개를 만들어. 너는 신기하단 표정으로 두 팔을 앞뒤로 흔들면서 독수리를 보며 환하게 웃어. 이런 일이 가능할 줄 어떻게 알았겠어?

"자, 이제 나랑 같이 날아 볼까?"

독수리가 소리치며 하늘로 날아올라. 너도 새로 얻은 날개를 힘차게 펄럭이며 하늘로 올라가! 와, 놀라워! 너는 파란 하늘로 힘껏 날아 올라가. 얼굴과 날개 아래로 바람이 느껴져. 날개의 깃털들이 살랑대고 너는 하늘 위에 떠 있어. 날고 있어. 너는 원을 그리며 날아 보기도 해. 그 위에서 세상을 내려다봐.

너는 독수리를 따라 지평선에 있는 숲으로 날아가. 아래로 땅의 풍경들이 지나가. 모든 게 작아 보여. 강, 언덕, 바위 모두 다. 앞을 보니 벌써 숲이 아주 가까워졌어. 정말 큰 숲이야. 숲은 길 없이 나무로 빽빽한 것 같아. 사람들 손길이 닿지 않은 정글처럼, 원시림처럼 말이야.

너희는 숲 바로 위를 날고 있어. 어딜 봐도 초록색 나무들뿐이야. 너도밤나무와 떡갈나무가 많지만 가문비나무와 소나무도 있어. 너희는 계속 날아 곧장 숲의 심장으로 가. 거대한 나무숲 한가운데에 동물들이 모여 있는 둥근 공터가 보여. 너희는 천천히 아래로 내려와. 땅에 내려서자 너의 날개는 다시 팔로 변했어. 너는 천천히 주위를 둘러봐.

네 앞에 일곱 마리 동물위원회 동물들이 서 있어. 여우, 곰, 늑대, 토끼, 살쾡이, 너를 데리고 온 독수리야. 그리고 그들 중앙에 숲의 왕이 서 있어. 위엄 있는 뿔을 가진 새하얀 사슴이야. 뿔이 얼마나 큰지 마치 커다란 나뭇가지처럼 보여! 사슴이 부드럽고 힘 있는 목소리로 말해.

"_____야, 환영한다! 이제 다 모였구나. 오늘은 특별히 인간 아이도 함께하게 되어서 우리 모두 아주 기뻐하고 있단다!"

동물들이 네 앞에 반원을 그리고 서 있어. 모두 미소를 머금은 채 포근하고 친절한 눈을 하고 있어. 그들에게서 아주 특별하고 따뜻한 힘이 나오는 게 느껴져. 마치 동물들이 너의 심장을 부드럽게 어루만지고 있는 것 같아. 동물들은 너를 만나게 된 걸 기뻐하고 있어. 여우, 곰, 늑대, 토끼, 살쾡이, 독수리, 사슴 모두 너를 사랑하고 너의 친구가 되고 싶어 해.

새하얀 사슴이 네 눈을 깊이 들여다보며 말해.

"우리가 너를 여기에 초대한 건 네가 동물을 얼마나 좋아하는지 잘 알기 때문이야. 네가 우리와의 우정을 절대 잊지 않고 늘 우리를 생각해 주길 바라는 마음에서 특별한 선물을 하나 준비했단다."

갑자기 일곱 마리 동물들이 다 같이 흥얼거리기 시작해.

"으음, 으음, 으음…."

아주 깊고 따뜻한 멜로디야. 왠지 웃음이 나올 것만 같아. 동물들이 계속 흥얼거리자 너를 둘러싼 숲 전체가 환하게 빛나. 숲이 정말 밝아져. 모든 나무에서 황금빛이 뿜어져 나와. 점점 더 빛이 밝아지는 것 같아. 하나둘 그 빛들이 모이더니 구슬 모양이 되어 네 앞에 떠있어. 동물들은 흥얼거림을 멈추고, 너는 홀린 듯이 황금 구슬을 바라봐.

구슬이 천천히 너에게로 와. 그건 마치 작은 태양 같기도 해. 구슬이 네 가슴을 어루만지는 듯하더니 네 심장 속으로 녹아 들어가! 그 빛으로 가슴이 뿌듯해져. 그 순간 세상의 모든 동물과 나무가 네 안에 있는 것 같아. 너는 그들을 모두 이해할 수 있을 것 같아. 너는 그들 모두와 아주 단단히 연결되어 있어.

사슴이 말해.

"숲의 심장이 네 안에서 뛰고 있구나."

다른 동물들도 고개를 끄덕여.

"너는 앞으로도 영원히 우리의 친구로 남을 거야. 우리도 항상 너의 친구로 남을 테고! 너는 항상 우리를 느낄 수 있어. 그러니까 힘든 일이 있으면 언제든 우리에게 물어보렴.

너는 여우에게서 영리함을 얻고 곰에게서 힘을 얻을 수 있어. 늑대는 너에게 끈기를 줄 테고 토끼는 민첩함을 줄 거야. 살쾡이는 솜씨를 선물할 테고 독수리는 멀리 볼 줄 아는 눈을 줄 거야. 그리고 나 사슴은 너에게 지혜를 줄 거야. 그리고 우리는 모두 함께 너에게 우정을 선물할 거야!

꿈속에서, 상상 속에서, 그리고 놀이를 할 때 언제든지 너는 우리를 만나러 올 수 있어. 우리를 그려 볼 수도 있어. 우리를 그려 준다면 매우 기쁠 거야. 가끔 숲에 들어가 나무들의 말에 귀 기울여 봐. 바람이 불면 잎사귀 사이에서 소리가 날 거야. 그 소리가 우리의 이야기를 들려줄지도 몰라. 다시 한번 네 심장을 느껴 봐. 그 안에 있는 너의 친구들을 느껴 봐."

〰

　너는 일곱 마리 동물과 함께 둥그렇게 서서 원을 만들어. 너는 다시 한번 하나씩 동물들을 바라봐. 여우, 곰, 늑대, 토끼, 살쾡이, 독수리, 그리고 사슴. 다들 얼마나 강한 친구들인지 몰라!

　너는 동물들에게 초대해 줘서 고마웠다고 작별 인사를 건네. 원한다면 한 마리씩 안아 주어도 돼. 가슴에 두 손을 모으고 고개를 숙여도 좋아. 네가 하고 싶은 대로 하렴.

〰

　다시 팔을 날개로 변신시킬 시간이야. 이번엔 네 스스로 할 수 있어. 날개가 자라게 하고 하늘로 힘차게 날아올라 보렴!

〰

　하늘 위에서 너는 한 번 더 숲을 내려다봐. 언제나 네 옆에, 네 심장 안에 있을 친구들의 고향이야. 네 안에

132

숲의 심장이 뛰고 있으니 언제든 이 숲의 빛과 놀라운 힘을 떠올릴 수 있어!

너는 계속 날아 처음 여행을 시작했던 곳으로 돌아와. 천천히 아래로 내려와 부드럽게 땅에 발을 디뎌. 날개는 다시 팔로 변신해. 이제 숨을 몇 번 깊이 들이쉬고 내쉬어 봐. 그리고 천천히 눈을 뜨렴.

너의 삶이 복되기를, 숲의 심장과 친구들을 항상 기억하기를!

제사장과 치유의 샘

아픈 아이가 자연의 힘을 발견하고, 그것을 이용해
자가치유력을 높일 수 있도록 도와주는 여행이다.

⋮

제사장이 어떤 사람인지 들어 본 적 있어? 옛날 영국,
프랑스, 오스트리아, 스위스 같은 나라에는 제사장이
사람들과 섞여 살았어. 요즘으로 치면 신부님이나 목사
님 같은 사람이야. 제사장은 음악을 연주하기도 하고,
이야기를 들려주기도 하고, 왕에게 좋은 말을 해 주기
도 하고, 약간의 마법을 부리기도 했어. 제사장들은 늘
숲으로 산책을 다녔어. 그래서 동물과 식물에 대해 잘
알았지. 숲에서 동식물과 대화를 나누고 약초를 수집
하기도 했어. 그 약초로 사람들을 치료했지. 지금도 제
사장이 있지만 찾기가 쉽지는 않아. 어때? 한번 만나 볼
래? 지금 네가 조금 아프니까 제사장이 너를 도와줄지
도 몰라. 그럼 네 기분이 훨씬 좋아질 거야.

　　그러려면 먼저 편하게 누우렴. 몸의 긴장을 풀고

편하게 숨을 쉬어 봐. 제사장들은 숫자 '3'을 신성하게 생각해. 그러니 숨을 세 번 깊이 들이쉬고 내쉬어 봐. 숨을 쉴 때마다 제사장을 만나게 해 달라고 기도해 보는 거야.

너는 지금 깊은 숲속에 있어. 주위에는 크고 웅장한 떡갈나무들이 가득해. 하늘 높이 자란 떡갈나무들이 마치 초록색 거인들 같아. 마법이 일어날 것만 같은, 생명력이 넘치는 원시림이야. 다람쥐들이 뛰어다녀. 새들이 노래하고 바람결에 나뭇잎들이 바스락거리는 소리를 내. 커다란 떡갈나무 사이로 작은 길이 하나 나 있어. 그 길에서 뭔가가 너를 부르는 것 같아.

오솔길을 따라 너는 깊은 숲속으로 한 걸음씩 들어가. 간간이 들리는 새소리를 친구 삼아 걸어. 그런데 작고 검은 빛 같은 게 자꾸 네 옆을 쉭 하고 지나가. 앞으로 날아갔다가 다시 또 쉭 하고 날아와. 지빠귀 새야! 바로 제사장의 새지! 이건 네가 제대로 가고 있다는 표시야. 지빠귀 새는 아름답고 다채로운 소리로 노래해. 너는 지빠귀 새가 함께 가 줘서 정말 기뻐. 갈림길이 나오면 어느 쪽으로 가야 하는지도 노래로 알려 주거든.

　　길을 안내하는 지빠귀 새를 따라 한참을 걷다 보니 공터가 나와. 공터 중앙에는 둥근 돌이 몇 개 놓여 있어. 그 사이에 작은 샘이 하나 있는데, 거기서 나온 물줄기가 공터를 가로질러 숲으로 사라져. 연못 옆에 여자 한 명과 남자 두 명이 서 있어. 여자는 초록색, 남자 둘은 각각 갈색과 회색의 긴 옷을 입고 있어. 남자들은 긴 수염과 머리카락을 하고 있어. 머리는 뒤에서 묶은 것 같아. 여자는 빨간색 곱슬머리에 아주 다정한 얼굴이야. 여자가 먼저 너에게 말해.

　　"반갑구나, _____야! 나무로 둘러싸인 제사장의 신성한 숲에 온 걸 환영한다. 이 샘은 우리의 신성한 근원이란다. 겁내지 말고 가까이 오렴. 여기 우리 옆에 앉아 보겠니."

　　세 명의 제사장이 돌로 둘러싸인 샘 주변에 앉더니 너를 위해 자리를 마련해 줘. 너는 그 자리에 앉아. 갈색 옷을 입은 제사장이 네 쪽으로 몸을 돌리며 말해.

　　"우리는 네가 조금 아파서 행복하지 않다는 얘기를 들었어. 네가 여기에 와 줘서 아주 기쁘단다. 왜냐하면 여기서는 다시 건강해질 수 있거든. 우리는 네가 여기 땅 위에 누워 주었으면 해. 내 망토를 깔아 줄게. 그리고 내 친구가 자기 망토로 너를 덮어 줄 거야. 네가 춥지 않도록."

너는 갈색 옷을 입은 제사장이 말한 대로 땅 위에 누워. 망토를 깔고 덮은 채 말이야. 따뜻하고 편안해. 여자 제사장이 옆에 무릎을 구부리고 앉더니 네 심장 위에 손을 얹은 채 말해.

"숲의 신선한 공기를 천천히 그리고 깊이 들이마시렴. 숲의 신선한 공기가 네 코와 입을 통해 가슴으로 갔다가 배로 내려가는 걸 느껴 봐. 공기 냄새를 맡아 봐. 공기 속에 있는 나무와 동물과 다른 생명체의 냄새를 맡아 보렴! 네 아래 있는 땅과 네 위의 하늘을 느껴 봐. 숨을 들이쉬고… 내쉬고… 들이쉬고… 내쉬고… 들이쉬고… 내쉬고…."

"숲의 신선한 공기가 네 안을 가득 채우는 게 느껴지니? 숲의 신선한 공기가 온몸을 통과하며 너에게 에너지를 주는 게 느껴져? 땅이 너에게 힘과 건강을 주는 걸 느껴 봐. 하늘이 너를 보호하고 축복하고 있음을 느

137

껴 봐. 사랑하는 나의 아이야, 계속 숨을 쉬렴. 더 깊이
그리고 천천히….”

⚘

　여자 제사장이 네 심장 위에 올려놓았던 손을 거두
자 회색 옷을 입은 남자 제사장이 말해.
　“이제 땅의 힘이 초록빛과 황금빛으로 네 두 발 안
으로 들어가 온몸을 채운다고 상상해 보렴.”

⚘

　“그 빛이 네 다리 위로 흘러가 그 안에서 환하게 빛
을 내고 있어. 그리고 네 엉덩이와 뱃속에서도 환하게
빛나고 있단다. 배 아래까지 깊이 숨을 들이쉬렴. 그리
고 초록빛과 황금빛이 점점 더 밝아지는 모습을 상상해
보렴.”

⚘

　“이제 초록빛과 황금빛이 네 등과 가슴 안에서 반
짝이고 있어. 이어서 양쪽 어깨와 양팔로 번져 가. 그리
고 네 두 손안에서도 환하게 빛을 발하고 있어.”

"빛은 계속 네 목, 머리, 얼굴로 퍼져 나가. 온몸이
초록빛과 황금빛으로 환하게 빛나고 있어. 서서히 그
빛이 네 몸 밖으로까지 퍼져 나가는 게 느껴지니? 너는
몸이 아주 따뜻해지고 가벼워졌을 거야. 기분이 좋고
모든 게 다 잘됐다는 생각이 들 거야. 잠시 그 상태로 숨
을 쉬면서 그 빛을 만끽해 보렴."

　　"천천히 빛이 사라져. 하지만 그 느낌과 힘은 네 안
에 그대로 남아 있단다. 이제 망토를 걷고 여기 이 샘 옆
에 앉아 보렴."

　　샘 옆에 앉아 부드러운 물소리를 듣고 있는 너에게
다시 여자 제사장이 말해.

　　"이 샘물은 우리를 치유한단다. 이미 많은 사람이
이 물로 힘을 얻고 건강을 되찾았지. 너도 마셔 보렴. 두
손으로 물을 떠서 마셔 봐. 이 신선한 물이 네 몸속으로
흘러들어 생기를 되찾아 주는 걸 느껴 보렴."

제사장들은 말없이 엄숙한 표정으로 너를 지켜봐. 성스러운 샘물은 맛이 좋아. 신선한 공기의 느낌도 아주 좋아. 초록빛과 황금빛이 온몸에 불어넣어 준 힘도 느껴져. 너는 한결 기분이 좋아졌어. 갈색 옷을 입은 남자 제사장이 마지막으로 너를 보며 말해.

"돌아가기 전에 치유의 힘을 준 어머니 자연에게 감사하렴. 근원의 샘에게 감사하고, 하늘에게 감사하고, 너를 여기로 데리고 와 준 작은 지빠귀 새에게도 감사하렴. 지빠귀 새가 부르는 노래도 훌륭한 약이란다. 그런 다음 작별 인사를 하자꾸나."

너는 고개를 숙이고 오늘 경험한 모든 아름답고 멋진 일들에 대해 생각해. 땅과 하늘이 너에게 준 선물을 생각해. 네 옆에서 너를 도와준 그 모든 것들을 생각해.

너는 다시 눈을 떠. 그러자 세 명의 제사장이 안개처럼 햇살 속으로 사라져. 이제 샘 옆 돌 위에는 작은 지빠귀 새만이 앉아서 즐겁게 노래를 부르고 있어. 새는 네가 아프지 않아서 기뻐하는 거야. 지빠귀 새는 처음 네가 걸어왔던 숲길 쪽으로 날아가기 시작해. 너는 기쁘게 지빠귀 새를 따라가. 머지않아 너는 처음 여행을 시작했던 곳으로 돌아와. 몸이 한결 좋아진 듯해. 훨씬 건강해졌어. 마음이 가볍고 기쁨으로 가득해.

　이제 천천히 눈을 뜨렴. 팔다리를 쭉 펴고 스트레칭을 해 봐. 너는 다시 돌아왔어. 너를 사랑하는 사람들 곁으로 돌아온 걸 환영해. 고마워.

　네가 다시 아주 건강해지기를!

용감한 사람을 위한 사파리

이 여행은 아이가 사자와 같은 용기를 기르고 내면의 강점을 찾도록 도와준다.

．
．
．
．
．
．

편한 대로 앉거나 누우렴. 너도 용감한 아이들만 간다는 사파리를 가 보고 싶겠지? 그 전에 먼저 숨을 깊이 들이쉬고 내쉬면서 준비를 해야 해. 편하게 자세를 잡은 다음 눈을 감고 잠시 숨소리를 들어 봐.

이제 용감한 아이들을 위한 사파리로 떠날 준비가 된 것 같아. 무서워할 필요는 없어. 사파리는 단지 아프리카어로 '여행'이라는 뜻이니까.

너는 지금 아프리카의 초원에 서 있어. 햇살은 타는 듯이 뜨겁고 맨발에 느껴지는 땅도 무척 뜨거워. 메마른 풀, 몇 그루의 이국적이고 커다란 나무들이 보여. 나무 그늘에 누 몇 마리가 서 있어. 아프리카 소를 누라고 불러. 지평선에 은색으로 빛나는 줄 같은 게 보여. 분명 강일 거야. 날이 너무 뜨겁고 목이 말라서 너는 강 쪽으로 가기로 해. 너는 한 발 한 발 천천히 걷기 시작해.

걸으면서 주변을 자세히 둘러봐. 어떤 동물들이 보이니? 얼룩말이나 영양 같은 아프리카 동물들이 보이지 않아? 아니면 나무 이파리를 뜯어 먹는 기린? 기린은 나무의 제일 높은 곳에 있는 이파리를 뜯어 먹지.

한참 걸은 것 같은데 여전히 강은 멀리 있는 것 같아. 여기는 정말 넓어. 너는 조금 쉬고 싶어서 아까시나무 그늘에 앉아. 아까시나무는 이파리가 커서 양산처럼 햇살로부터 너를 보호해 줘. 이렇게 더운 날 걷는 건 힘든 일이야. 금방 피곤해지거든. 너는 피곤해서 어느새 고개를 끄덕이며 잠이 들어.

왜 이렇게 간지럽지? 뭐야? 턱에 뭔가가 기어 다니는 것 같아. 너는 깜짝 놀라 화들짝 눈을 떠. 눈앞에 네

개의 회색 기둥이 있어. 뭐지? 그리고 코앞에 큰 회색 뱀 같은 게 흔들거려. 아! 이제 알겠어. 그건 코끼리야. 네 앞에 코끼리가 서 있어.

너는 자리에서 일어나. 아까시나무 그늘에서 나와 보니 코끼리가 더 확실히 보여. 커다란 귀와 뿔처럼 튀어나온 두 개의 이빨을 가진 회색의 거대한 동물이야. 하지만 아주 귀엽고 반짝이는 눈을 가지고 있어. 코끼리는 흙먼지가 날리는 땅에 긴 코를 휘젓더니 다시 들어 올리며 나팔 같은 소리를 내. 덕분에 네 귀에 흙먼지가 내려앉아. 코끼리가 말해.

"이게 아프리카 땅이야. 여기서 너희 인간들이 태어났지. 너희가 처음 발을 디딘 땅이 여기야. 아주아주 옛날에 말이야. 오늘 네가 다시 여기로 와 아프리카 땅을 느낄 수 있어서 나는 아주 기뻐."

너는 먼지 때문에 눈을 깜빡이면서 코끼리를 다정하게 올려다봐. 코끼리는 좋은 친구임이 틀림없어. 덩치 크고 키도 크고 조금 시끄럽기는 하지만 말이야. 네 생각을 읽기라도 했는지 코끼리가 말해.

"내가 너무 크다고 무서워하지 않았으면 해. 너에게 크고 강한 친구가 필요할 수도 있을 것 같아서 한번

144

와 본 거야. 괜찮으면 내 등에 올라탈래? 내가 강까지 데려다줄게. 너 목마르잖아, 그렇지?"

코끼리가 무릎을 굽혀 주어서 너는 쉽게 등에 올라타. 어때 괜찮지? 당연히 그럴 거야. 코끼리는 크지만 사랑스러운걸. 네가 등에 자리를 잡고 앉자 코끼리가 다시 무릎을 펴고 일어서. 너는 약간 중심을 잃을 것 같지만 코끼리 등은 넓어서 굴러떨어질 일은 없어. 맞아, 코끼리 등은 꽤 높아. 그래서 거기서 바라보는 경치가 정말 멋지지. 코끼리는 벌써 걷기 시작했어. 쿵, 쿵, 쿵. 코끼리는 한 걸음으로 멀리까지 갈 수 있어. 그래서 아주 빨라. 너는 한결 편안해졌어. 코끼리 등 위에서 보니까 사자도 보이고 치타도 보이고 혹멧돼지도 보여. 무리를 지은 미어캣들도 보여.

❧

코끼리가 가던 길을 멈추더니 나팔 소리를 내. 뭣 때문인지 놀란 것 같아. 코끼리가 벌벌 떨고 있어. 너는 왜 그러느냐고 물어. 코끼리가 떨리는 목소리로 말해.

"저… 저… 저기에 쥐… 쥐… 쥐가 있어! 위… 위… 위험한 쥐!"

정말이야. 코끼리 발 앞에 조그만 쥐가 앉아서 코끼리와 너를 올려다보고 있어.

"나도 강으로 가고 싶어. 나도 데려가 주면 안 돼?"

쥐가 찍찍대며 말해. 쥐가 말하니까 코끼리는 더 심하게 떨어. 너는 코끼리 등에서 뛰어내려 몸을 구부린 채 두 손에 쥐를 올려놓고 봐. 털이 얼마나 부드러운지 몰라. 쥐는 작은 코로 킁킁대며 네 손가락 냄새를 맡고 있어. 코끼리에게 쥐를 무서워할 필요가 없다고 말해 줄 수 있겠니?

너는 조심조심 쥐를 코끼리 코로 가져가. 그리고 코끼리에게 이 작은 쥐가 너를 해치지 않을 거라고 말해 줘. 코끼리는 조금씩 마음을 진정해. 너는 쥐를 네 어깨에 올려놓아. 그러자 쥐는 네 목에 자기 머리를 비비더니 코끼리 등에 올라타.

너희는 셋이 되어 강으로 가. 코끼리가 다시 나팔 소리를 내. 이번에는 안심했다는 소리야. 쥐가 위험한 괴물이 아니란 걸 알게 되었기 때문이지. 쥐는 감동해서 찍찍 소리를 내. 네가 코끼리를 설득해 준 덕분에 먼

길을 혼자서 갈 필요가 없어졌기 때문이야.

너희는 도중에 다른 동물들을 만나기도 하면서 함께 여행을 계속해. 그러다 보니 어느새 강가에 도착했어. 너와 쥐는 코끼리 등에서 뛰어내려 깨끗하고 시원한 물을 실컷 마셔. 아! 너무 상쾌해. 쥐는 물을 핥아 마시고 코끼리는 긴 코를 물에 담그고 있어. 이제 둘은 서로 무서워하지 않고 잘 지내는 것 같아. 너희는 시원한 물을 마시며 같이 웃고 놀아.

그때 뒤에서 뭔가가 울부짖는 소리가 나. 너희는 깜짝 놀라 모두 뒤를 돌아봐. 갈기를 세운 사자 한 마리가 너희 앞에 우뚝 서 있어. 사자는 마치 너에게 인사하려는 듯 머리를 숙여.

"＿＿＿야, 안녕? 너는 오늘 대단한 용기를 보여 주었어. 혼자서 사파리(여행)를 하러 왔잖아. 커다란 코끼리 앞에서도 무서워하지 않고 심지어 등에 올라타기도 했지. 모든 아이가 그럴 수 있는 건 아니란다.

너는 쥐도 무서워하지 않았어. 너보다 훨씬 큰 코끼리 친구도 그렇게 무서워했는데 말이야. 너는 친구가 두려움을 이겨 내도록 도와주었어. 네 친구 코끼리는 쥐를 잘 몰라서 쥐가 무서웠던 거야. 하지만 네가 쥐는 코끼리를 해치지 않는다고 잘 설명해 준 덕분에 더는 쥐를 무서워하지 않게 되었지. 내 생각에 저 둘은 이제 친구가 된 것 같구나.

지금도 너는 힘센 사자 앞에서 전혀 두려워하지 않아. 너는 내가 하는 말을 듣고, 내 눈을 바라보고, 내가 좋은 마음을 가지고 있단 걸 알아차렸어. 내가 너처럼 착하고 용감한 마음을 가졌다는 걸 말이야! 그래서 나는 너에게 특별한 선물을 하나 주려고 해."

사자의 두 앞발 사이에 빛나는 구슬이 하나 나타나. 한번 자세히 봐. 무슨 색이야?

구슬이 천천히 떠오르더니 너에게로 와서 네 심장에 닿아. 그리고 한 번 더 밝게 빛나더니 네 심장 속으로 들어가. 너는 가슴이 따뜻해져. 사자가 말해.

"그건 사자의 용기로 만들어진 구슬이란다. 그 구슬이 항상 너와 함께하면서 너를 더 용기 있는 사람으로 만들어 줄 거야. 무섭거나 불안할 때면 네 안에 있는 반짝이고 따뜻한 구슬을 생각하렴. 용기의 구슬 말이야. 그것이 너를 위해 늘 거기에 있을 거야. 그리고 네가 나를 생각해 준다면 나도 항상 너와 함께할 거야. 네가 코끼리 등에 올라탄 일, 쥐에 대한 코끼리의 두려움을 없애 준 일을 꼭 기억해. 사자의 용기로 만들어진 구슬을 가지고 있다는 사실도 잊지 마."

코끼리와 쥐가 웃으면서 너에게 눈을 찡끗해. 사자도 미소를 지어. 셋 다 너를 아주 자랑스러워하고 있어!

"이제 새로 사귄 두 친구와 헤어져야 할 시간이구나. 내 생각에 저 둘은 앞으로도 여기서 서로를 도와 가며 잘 지낼 것 같아. 너도 꿈을 꿀 때나 상상할 때 혹은 놀이를 할 때, 언제든 코끼리와 쥐를 찾아올 수 있어. 원한다면 내가 너를 다시 여기로 데리고 와 줄게. 너는 용감하니까 사자 등에도 올라탈 수 있을 거야. 그렇지?"

너는 쥐와 코끼리를 껴안으며 작별 인사를 해. 그런 다음 사자 등에 올라타. 사자는 몸을 돌려 달리기 시작해. 네 머리카락이 바람에 날려. 사자는 엄청 빨리 달려. 너희는 치타를 지나고 기린을 지나고 누를 지나고 영양을 지나쳐. 풍경이 쏜살같이 스쳐 지나가. 아프리카 덤불들, 나무들, 그리고 풀들도. 한참을 달린 후에 사자가 달리기를 멈추고 너는 사자 등에서 내려와.

"＿＿＿＿야, 그럼 안녕! 곧 다시 볼 수 있기를 바라.

오늘 있었던 일을 잊지 마. 네 심장 속에 있는 사자의 용기로 만들어진 빛나는 구슬을 잊지 마. 그리고 네가 오늘 얼마나 용감했는지를 기억해. 너는 이제 무서워할 게 아무것도 없어. 네 덕분에 코끼리도 이제 쥐를 무서워하지 않아!"

사자가 앞발로 너의 가슴을 한 번 쓰다듬더니 몸을 돌려 자기 무리를 향해 달려가.

이제 숨을 한 번 깊이 들이쉬고 내쉬렴. 그러는 동안 따뜻한 아프리카의 햇살을 만끽해 봐. 네 심장 속에 있는 사자의 구슬을 느껴 봐. 그리고 천천히 눈을 떠. 팔다리를 쭉 뻗으면서 스트레칭을 해 봐. 돌아온 걸 환영해.

네 마음에 용기가 샘솟기를, 네가 용감하게 살아가기를!

힘을 주는 동물을 찾아서

힘을 주는 동물은 언제나 옆에 있어 주는, 믿을 수 있는 동물이다. 이 여행은 아이가 내면에 있는 본연의 힘을 찾는 데 도움을 준다(다른 명상 여행을 몇 번 경험한 후에 시도해 보길 바란다).

:
:
:
:

혹시 새벽에 자연으로 산책을 나가 본 적 있니? 이제 막 해가 산 위로 고개를 내미는 새벽 말이야. 아니면 곧 밤이 찾아올 걸 예고하는 노을 지는 저녁에는? 새벽에 이슬을 머금은 풀잎에서 어떤 냄새가 나는지 알아? 조용한 해 질 녘의 온화한 저녁 공기는 어떨 것 같아? 옛날 사람들은 해가 뜰 때와 해가 지는 시간이 특별하다고 믿었어. 그 시간에는 뭔가 특별한 힘이 있다고 생각했지. '세상과 세상 사이의 벽'이 아주 얇아져서 쉽게 다른 세상으로 넘어갈 수 있다고 생각한 거야.

오늘은 너를 위해 해가 뜨고 질 때의 특별한 에너지를 이용하는 짧은 여행을 떠나 볼까 해. 몸을 편안하게 해 봐. 앉아도 되고 누워도 돼. 원한다면 담요를 덮어도 돼. 이제 눈을 감고 상상의 세계로 들어가 보자.

숨을 세 번 깊이 들이쉬고 내쉬어. 한 번씩 숨을 들이쉬고 내쉴 때마다 너만의 아늑한 장소에 점점 더 가까워져. 자, 이제 마음의 눈을 뜨고 여행을 시작해 봐. 지금은 새벽이야? 아니면 저녁이야?

너는 아름다운 들판에 서 있어. 지금 몇 시쯤 된 것 같아? 공기에서 어떤 냄새가 나? 공기가 피부에 닿는 느낌이 어때?

❧

주변을 한번 둘러봐. 풍경을 만끽해 보렴. 언덕이나 산이 보여? 개울이나 작은 연못은? 어쩌면 크고 작은 나무가 있을지도 모르겠네.

네 앞의 땅을 봐. 바로 앞 들판 한가운데에 좀 전까지 없던 작은 길이 하나 생겨나고 있어. 카펫이 펼쳐지듯 네 앞으로 길이 펼쳐져. 그 길이 어때? 길에 이끼가 있니? 아니면 자갈길이야? 그것도 아니면 사람들이 많이 걸어서 생긴 풀 길일까? 걸어 보면 느낌이 어떨 것 같아? 부드러울까? 푹신할까? 한번 걸어 봐.

"위잉!"

갑자기 무슨 소리가 들려. 뭐지?

"위잉! 놀라지 마! 나는 그냥 너에게 길을 보여 주고 싶을 뿐이야."

작은 꿀벌이야. 바로 네 귓가에 있어. 꿀벌은 네가 자기를 무서워할 수도 있다는 걸 잘 알아. 벌은 사람을 쏘기도 하니까. 하지만 걱정하지 마! 꿀벌은 지구에서 제일 지혜로운 생물이고 너에게 호감을 가지고 있어. 옛말에 '꿀벌에게 물어봐'라는 말도 있단다. 옛날 사람들은 꿀벌이 마법사만큼이나 아는 게 많고 제사장만큼이나 지혜롭다고 생각했어. 그런 꿀벌이 너와 함께 가 주겠다니 넌 정말 운이 좋은 거야.

꿀벌은 반걸음 정도 앞서서 작게 윙윙대며 날아가. 이런 길을 걸을 때는 주변의 풍경을 감상하면서 천천히 가야 해. 주변을 자세히 살펴보고 냄새도 맡고 소리도 들어 보렴.

잠시 후 꿀벌이 말해.

"내가 너를 다른 세상으로 초대할게. 거기서 너에

게 힘을 주는 동물을 만나게 될 거야. 그건 정말 아름다운 경험이 될 테고 그 동물과 우정을 약속하면 사는 동안 다시는 혼자라고 느끼지 않아도 돼! 힘을 주는 동물이라고 해서 아주 큰 동물일 거라고 오해하지는 말았으면 좋겠어. 크고 힘이 센 동물만이 힘을 전해 주는 건 아니거든. 작고 연약하고 귀엽고 혹은 느려 터져 보여도 어떤 동물이든 모든 동물은 자신만의 아주 특별한 힘을 가지고 있어. 그걸 너와 나누려 하지. 너는 너에게 필요하고 도움이 되는 힘을 만나게 될 거야."

오! 그럴 수만 있다면 너무 좋을 것 같은데, 그렇지? 너는 너도 모르게 위쪽과 양옆을 살펴봐. 힘을 주는 동물이 이미 거기에 있는 건 아닐까 하고 궁금해하면서 말이야. 계속 꿀벌을 따라가 보자. 가는 길에 어떤 동물이 나타나든 자세히 잘 살펴봐. 모든 동물을 유심히 관찰하는 거야.

이건 아주 중요해. 동물들은 자기가 어떤 사람에게 적합하고 어디에 도움이 될지 정확하게 알고 있어. 하지만 사람들은 동물에 대해 잘 모르지. 동물이 우리에게 무엇을 선물하려는지 전혀 눈치채지 못할 때도 많아. 그래서 동물들이 직접 우리가 필요로 하는 힘을 가지고 우리를 만나러 와! 그러니 계속 걸어가면서 모든 동물을 유심히 지켜보도록 해.

✦

아주 큰 문이 길을 막고 있어. 문 양쪽으로는 거대한 자작나무 두 그루가 수문장처럼 버티고 있어. 집도 없이 문만 달랑 하나 있다니, 이상해. 이게 뭐지?

"다른 세상으로 이어지는 문이야. 저 문 뒤에 너에게 힘을 주는 동물이 있을 거야. 조금 더 가까이 다가가 볼까?"

꿀벌이 윙윙대며 말해. 너희는 문 가까이 다가가. 아주 아름다운 나무 문이야. 나무에 무언가 많이 조각되어 있어. 상징 같기도 하고 장식 같기도 하고 비밀 표시 같기도 한 무늬들이 새겨져 있어. 그리고 만화책처럼 짧은 이야기를 들려주는 그림도 있어. 문 중앙에는 황금으로 된 둥근 손잡이가 있어. 그걸 들었다 놨다 하며 문을 두드려야 할 것 같아. 꿀벌이 말해.

"문을 통과하자마자 너에게 힘을 주는 동물을 만날 수도 있어. 그럼 그 동물에게 네가 알고 싶은 걸 다 물어봐! 그 동물이 왜 너에게 힘을 주는 동물인지도 물어 봐. 분명 친절하게 대답해 줄 거야. 그 동물과 함께 동물의 세상으로 들어가 봐. 네가 다시 돌아올 때까지 내가 여기서 기다리고 있을게. 자, 이제 문을 두드려 봐. 즐거운 시간 보내고 오렴!"

너는 조금 흥분될 거야, 그렇지? 자, 문고리를 잡고 두드려 봐! 그러자 아주 천천히 문이 열려. 그 뒤에 이미 그게 있어! 너에게 힘을 주는 동물!

꒰ꉥ꒱

만약 너에게 힘을 주는 동물이 보이지 않는다면 하늘을 올려다봐. 아니면 땅을 내려다보거나. 어쩌면 그 동물은 전혀 생각지도 못한 곳에 있을 수도 있어. 구름에 닿을 정도로 높은 곳에서 날아다닐 수도 있어. 아니면 너무 작아서 샅샅이 찾아봐야 보일 수도 있어. 아니면 네 바로 앞에 서 있어서 금방 알아차릴 수도 있지.

꒰ꉥ꒱

아직 그것에 다가가지 못했다면 조심스럽게 다가가 봐. 원한다면 쓰다듬어 봐도 좋고 손을 잡아 봐도 좋아. 그럼 그 동물도 너의 냄새를 맡을 수 있겠지? 너에게 힘을 주는 동물은 자기만의 방식으로 너와 만날 거야.

왜 하필이면 그 동물이 너에게 힘을 주는 동물인지 알고 싶어? 무슨 힘을 준다는 걸까? 그 힘을 받으면 뭐가 좋을까? 시간은 많아. 그 동물이 모든 질문에 대답해 줄 거야. 그러니 잘 들어봐. 때로 그 동물은 너에게 이야기를 들려주는 대신 그림을 보여 줄 수도 있어. 어떤 식이든 그게 그 동물이 너에게 주는 대답이니까 주의해서 듣고 보도록 해.

원한다면 너에게 힘을 주는 그 동물과 잠시 같이 놀아도 돼. 그러고 싶은지 한번 물어봐. 동물들은 대개 아이들과 신나게 뛰어놀기를 좋아하지.

집으로 돌아갈 시간이 된 것 같아. 너는 천천히 작별 인사를 해. 고맙다고 말하고 싶으면 그렇게 해. 다른 할 말이 있다면 얼마든지 해도 좋아. 그냥 생각나는 말을 해도 괜찮아. 서두를 필요는 없어. 언제든 다시 올 수 있으니까. 또 다른 궁금증이 생기거나 혹은 그냥 같이 장난치며 놀고 싶을 때 언제든 다시 오면 돼.

꿀벌이 웡윙대며 말해. 네 얼굴에 미소가 가득하다는 걸 너도 알 수 있니? 그게 참 행복한 얼굴이라는 걸 말이야. 꿀벌이 다시 조금 앞장서서 날아가기 시작해. 처음과 달리 지금은 길이 그렇게 먼 것 같지 않아. 신기하게도 어느새 너는 여행을 시작했던 들판에 와 있어. 꿀벌이 말해.

너희는 지금 큰 문 앞에 서 있어. 이제는 정말 헤어져야 할 시간이야. 너는 마지막으로 한 번 더 너에게 힘을 주는 동물을 바라봐. 그리고 머리를 쓰다듬어 줘. 그런 다음 문 쪽으로 몸을 돌려. 문이 열리고, 얌전히 문 앞에서 기다리고 있던 꿀벌이 웡윙거리며 날아. 네가 문을 통과하자마자 다시 문이 닫혀.

"아주 좋은 시간을 보낸 것 같구나. 행복해 보여."

꿀벌이 웡윙대며 말해. 네 얼굴에 미소가 가득하다는 걸 너도 알 수 있니? 그게 참 행복한 얼굴이라는 걸 말이야. 꿀벌이 다시 조금 앞장서서 날아가기 시작해. 처음과 달리 지금은 길이 그렇게 먼 것 같지 않아. 신기하게도 어느새 너는 여행을 시작했던 들판에 와 있어. 꿀벌이 말해.

"원래 그렇지. 힘이 넘칠 때는 원래 그런 거야. 얼른 집으로 돌아가 매일 하던 일을 하고 싶어져!"

이제 꿀벌과도 작별할 시간이야. 곧 다시 만나게 될지도 모르지만 말이야.

숨을 세 번 깊이 들이쉬고 내쉬렴. 지금 편하게 앉거나 누워 있는 네 몸을 느껴 봐. 네가 지금 어디에 있는지 알겠어? 손가락과 발가락을 천천히 움직여 봐. 기지개를 켜고 싶으면 그렇게 해. 그런 다음 천천히 눈을 떠. 지금 네가 가진 특별한 힘에 기뻐하렴!

너의 하루가 기쁨으로 가득하기를, 네가 힘찬 인생을 살아가기를!

특별한 힘의 수호자

이 여행은 아이가 자신만의 능력을 찾고, 스스로 재능 있고 빛나는 존재임을 알게 해 줌으로써 자신감을 심어 준다(다른 명상 여행을 몇 번 경험한 후에 시도해 보길 권한다).

⋮

사람은 누구나 내면에 태양처럼 빛나는 힘을 가지고 있어. 그래서 밝은 빛이 되어 이 세상을 따뜻하고 친절한 곳으로 만들 수 있단다. 태양은 하늘에서 자신의 자리가 어디인지 잘 알고 온 힘을 다해 빛을 쏟아내지. 우리도 자신의 자리를 알고 자신만의 특별한 힘을 알면 그 힘을 아낌없이 이용하며 밝게 빛날 수 있어.

태양은 태양이 아니라 달이 되고 싶어서 갑자기 밤에 나타나지 않아. 우리도 다른 사람이 되고 싶어 하거나 다른 사람과 자신을 비교하지 말아야 해. 너 자신으로 사는 게 중요하단다. 사람은 저마다 특별하고 자기만의 빛나는 힘과 재능을 가지고 있어. 그 힘은 저절로 흘러나와. 너만의 재능, 너만의 힘은 저절로 드러나게 되어 있어. 재밌지 않아? 따로 배우거나 노력할 필요가 없다니까.

자, 그럼 우리 함께 너만의 특별한 힘을 찾는 여행을 떠나 보자. 이번 여행에서 아주 신나고 깜짝 놀랄 만한 일이 많았으면 좋겠지? 그럼 먼저 편안한 자세를 취해 봐. 눈을 감고 숨을 세 번 깊이 들이쉬고 내쉬어. 숨을 쉴 때마다 너의 상상력이 조금씩 깨어날 거야.

너는 지금 어떤 산 위에 있어. 경치가 참 아름다워. 혹시 네가 아는 곳이니? 아니면 처음 와 본 곳이야? 주위를 둘러보면서 무엇이 있는지 살펴봐. 처음 보는 특이한 꽃이나 식물이 있니? 이곳에 살고 있는 동물이 있어? 하루 중 언제인 것 같아? 산들바람이 불어? 아니면 바람 한 점 없이 고요하니? 공기 냄새는 어때? 피부에 닿는 공기의 느낌은 어때? 그 높은 곳의 신선한 공기를 한번 깊이 들이마셔 봐.

저 멀리 하늘에서 새 한 마리가 날고 있어. 날개를

퍼덕이는 소리가 점점 크게 들리는 걸 보니 새가 점점 가까이 날아오는 것 같아. 커다란 새가 보이니? 혹시 햇살에 가려 잘 보이지 않아?

큰 새가 아주 가까이 날아왔어. 독수리야! 다른 독수리보다 훨씬 큰 것 같아. 거인 독수리인가 봐. 독수리가 네 앞으로 내려와. 눈앞에서 보니 양쪽으로 쫙 편 날개가 얼마나 긴지 몰라. 굉장해. 독수리가 너를 다정하게 바라보더니 천천히 말해.

"네가 여기 오다니 참 좋구나! 나는 힘으로 가득한 곳으로 너를 데려가는 일을 맡았어. 너무 기쁘고 영광스러워. 네가 세상에서 얼마나 높이 빛날 수 있는지 볼 수 있을 테니까 말이야. 우리 같이 날아가 볼까? 내 등에 올라타 볼래?"

어쩐지 예전에도 독수리와 함께 하늘을 날아 본 적이 있는 것 같아. 그렇지? 물론 이번에도 너는 독수리와 함께 날아가 보고 싶어. 너만의 힘이 무엇인지도 꼭 알고 싶어. 독수리 등에 올라타렴. 그리고 근사한 깃털을 꽉 잡으렴.

네가 자기 등에 잘 앉았는지 확인한 독수리는 큰 날개를 힘차게 펼치고 하늘 높이 올라가. 너희는 더 멀리 더 높이 날아가. 저 아래 조금 전까지 서 있던 산꼭대기가 보여. 너희는 구름을 지나 태양 가까이 온 것 같아. 그래선지 세상이 아주 밝아. 어떤 소리가 들리지 않니? 너희는 더 높이 올라가.

독수리가 날아오르기를 멈추고 부드럽게 원을 그려. 착지를 준비하는 것 같아. 너희는 아주 멀리, 지구 밖까지 날아 올라왔어. 그런데도 신기하게 착지할 수 있는 곳이 보여. 그곳은 우리가 아는 하늘 너머, 구름 너머, 별 너머의 어떤 곳이야. 너는 독수리 등에서 내려와 주위를 둘러봐. 거기가 어딘 것 같아? 무엇이 보여? 느낌이 어때?

독수리가 몸을 꼿꼿이 세운 채 말해.
"저기 '특별한 힘'의 수호자가 오네. 봐 봐! 저 사람이 너를 너만의 특별한 힘이 있는 곳으로 데려갈 거야."

　　정말로 어떤 사람이 너희 쪽으로 다가오고 있어. 남자 같기도 하고 여자 같기도 하고 천사 같기도 해. 마법사 같기도 하고. 처음 보는 모습이라 뭐라고 불러야 할지 모르겠어. 그 수호자가 어떻게 너만의 특별한 힘을 보여 준다는 걸까? 그 수호자는 키가 커? 아니면 작아? 어떤 느낌이야? 수호자만의 특별한 점이 있는 것 같아? 네가 절대 잊을 수 없을 것 같은 특징이 있니?

　　수호자가 너희에게 다정하게 인사를 건네.

　　"힘으로 가득한 곳에 온 걸 진심으로 환영한다! 꽤 먼 길을 여행해 왔구나. 그러니 오래 기다리게 하지는 않으마. 자, 나를 따라오렴. 내가 '빛나는 힘'의 호수로 너희를 데려갈 거야."

　　정말이지 너희는 오래 기다리고 싶지 않아. 독수리도 호기심이 더 커진 것 같아. 너희는 수호자를 따라가. 그곳에서는 모든 풀이 항상 푸르고 모든 꽃이 언제나 싱싱해. 화려하고 풍요롭고 행복하고 아름다운 곳이야. 세상의 모든 색이 다 있어. 걸으면 걸을수록 그곳에서는 불가능한 일이 없을 것만 같은 기분이 들어.

✌

조금 걷다 보니 초록색 언덕이 하나 보여. 언덕 위로 구불구불하게 길이 나 있어. 특별한 힘의 수호자가 그 길을 오르기 시작해. 너희도 그를 따라가. 너희는 곧 언덕 위에 도착해. 거기서 다시 아래로 난 작은 오솔길을 따라 계곡으로 내려가. 계곡은 숨겨져 있어서 잘 보이진 않아.

"저기 계곡 밑에 '빛나는 힘'의 호수가 있단다. 착한 인간 아이야! 여기서부터는 혼자 가는 게 좋겠구나. 조금만 더 가면 된단다. 그냥 쭉 내려가기만 하면 돼. 호숫가에 도착하면 숨을 한 번 깊이 들이쉬고 내쉬렴. 그런 다음 거울 같은 호수의 물을 들여다봐. 호수가 너만의 빛나는 힘과 재능을 보여 줄 거야."

그렇게 말하고 수호자는 너를 부드럽게 밀어 주며 어서 가 보라고 해. 독수리도 고개를 끄덕이며 가 보라고 해. 너를 보며 미소 짓는 둘의 모습이 행복해 보여.

"얼른 가 봐! 우리는 여기서 너를 기다릴게. 보고 싶은 걸 다 본 후에 집으로 돌아가고 싶으면 다시 여기로 와."

기다려 준다니 다행이야. 너는 안심하고 내려갈 수 있어. 저기 호수가 보여. 호수가 너에게 무엇을 보여 줄지 기대되지 않아? 보이는 게 무엇이든 자세히 보도록 해. 그 속에서 네가 뭘 하고 있는지, 네가 어떻게 보이는지, 어떤 옷을 입고 있는지, 네 옆에 누가 있는지. 전부 중요하니까 잘 봐 둬. 너의 재능이 무엇인지 그것들이 말해 줄 거야!

너는 계속 아래로 내려가. 수호자의 말이 맞았어. 그렇게 멀지는 않아. 이미 호숫가에 다 왔어. 너는 심호흡을 한 번 하고 물속을 들여다봐. 호수가 너에게 무엇을 보여 줄지, 무슨 말을 해 줄지 지켜봐.

❧❧❧❧

호수가 너에게 모든 것을 다 보여 준 것 같아. 너는 더 많이 보고 싶겠지? 하지만 오늘 봐야 할 건 모두 보았어. 이제 독수리와 수호자에게 돌아가면 될 것 같아. 지금은 호수를 떠나지만 언제라도 돌아와서 다시 힘을 얻을 수 있어.

너는 돌아서서 독수리와 수호자가 있는 곳으로 올

라가. 호수는 작디작은 계곡에 둘러싸인 채 고요히 그곳에 있어. 먼저 큰 독수리가 보이고 그 옆에 서 있는 수호자가 보여. 그들은 흥미롭게 너를 바라봐. 혹시 독수리와 수호자에게 네가 본 것을 말해 주고 싶니? 네가 말해 준다면 그들도 좋아할 거야.

수호자가 사랑스러운 표정으로 너를 보며 미소 지어. 독수리도 너와 함께 기뻐해. 그러면서 독수리는 날개 운동을 시작해. 너를 다시 집으로 데려가고 싶은 것 같아. 특별한 힘의 수호자와 헤어질 시간이야. 수호자에게 친절하게 길을 알려 줘서 고마웠다고 말하렴. 그리고 네가 가진 특별한 힘을 찾아볼 수 있게 도와줘서 감사하다고 전하렴.

네가 등에 올라탈 수 있도록 독수리가 몸을 작게 웅크리며 말해.

"우리 여기서부터 곧장 날아가자."

너는 수호자에게 다시 한번 손을 흔들어 주고 수호자도 너희에게 손을 흔들어 줘. 너희는 하늘로 날아올라. 작게 한 번 회전한 다음 부드럽게 지구로 날아와. 태양을 지나고 별을 지나고 구름을 지나서 계속 아래로 내려와. 조금씩 너희가 함께 여행을 시작했던 산꼭대기가 보여.

독수리는 산꼭대기에 착륙한 다음 몸을 웅크려서 네가 편하게 내려올 수 있게 해 줘. 정말 다정한 친구야. 이제 독수리와도 헤어져야 할 시간이야. 오늘 하루 함께 여행해 줘서 고마웠다고 말하렴. 원한다면 독수리를 한 번 꼭 안아 주어도 좋아.

✺

숨을 천천히 그리고 깊이 들이쉬고 내쉬렴. 그러는 동안 네 몸을 깊이 느껴 봐. 지금 네가 있는 곳도 느껴 봐. 손가락과 발가락을 천천히 움직여 봐. 원한다면 기지개를 켜도 좋아. 그런 다음 천천히 눈을 떠. 너만의 특별한 힘으로 이 세상에 빛을 더할 수 있음에 기뻐하렴!

너의 하루가 기쁨으로 가득하기를, 너의 삶이 눈부시게 빛나기를!

땅꼬마 요정들과 땅 어머니

무겁고 우울한 기분일 때 마음을 한결 가볍게 해 주
는 여행이다. 아이가 걱정과 불안의 시기를 겪고 있
다면 특히 도움이 될 것이다.

때로 마음이 너무 무거울 때가 있지. 그럴 때는 정말로
뭔가가 우리 어깨를 짓누르고 있는 것 같아. 진짜 무슨
일이 벌어졌거나 벌어지고 있을 때 그럴 수 있어. 아무
일이 없지만 마음속에 걱정과 불안이 가득할 때도 그
래. 혹시 지금 너도 그렇니? 걱정 없이 즐겁게 놀던 때
로 다시 돌아가고 싶어? 그럼 우리 함께 마음이 무거울
때 하면 좋은 짧은 여행을 한번 떠나 볼까? 이건 지구가
무엇으로 이루어져 있는지 알아보는 여행이기도 해.

　편한 자세로 앉거나 누워 봐. 원한다면 부드러운
담요를 덮어도 좋고 좋아하는 장난감이나 인형을 껴안
아도 좋아. 이제 눈을 감고 네 안으로 여행을 떠나 보자.
숨을 세 번 깊이 들이쉬고 내쉬렴.

너는 지금 자연 한가운데 네가 제일 좋아하는 풍경 속에 있어. 소금 냄새가 나는 바닷가도 좋고, 나무나 풀 냄새가 나는 산도 좋고, 집에서 아주 가까운 숲이나 들판도 좋아. 아니면 네 상상 속에만 있어서 너만 알고 있는 곳이라도 좋아. 거기에 있으면 행복할 것 같은, 지금 가고 싶은 곳으로 가 봐.

주위를 둘러보면서 공기를 마시고 소리를 들어 봐. 어떤 냄새가 나? 풀 냄새? 아니면 꽃향기? 어떤 소리가 들려? 새소리? 윙윙거리는 곤충 소리? 아니면 동물이 우는 소리? 어떤 동물인 것 같아? 날씨는 어때? 계절은 언제쯤인 것 같아? 네가 생각하는 가장 아름다운 모습을 그대로 상상해 보렴.

⤮

가까운 곳에서 헛기침 소리가 들려. 어디서 나는 소리지? 주위를 둘러봐. 뭐가 보여? 아, 조심해! 발밑에 아주 조그만 친구가 있어.

"난쟁이인가?"

"아니야! 나는 땅꼬마 요정이야! 너는 나를 모르는 구나. 나 참, 뭐라고? 난쟁이?"

땅꼬마 요정은 네가 자기를 난쟁이라고 해서 조금 화가 났어.

"네가 여기 경치를 즐기고 있는 것 같아서 방해하고 싶지 않았어. 그런데 네 마음이 조금 무거워 보여. 내가 도와줄 수 있는데. 네가 원한다면 말이야."

그렇게 말하고는 땅꼬마 요정이 너를 유심히 살펴봐. 땅꼬마 요정이라니, 뭐지? 정말 작긴 해. 그래도 나이는 많지 않을까? 아니면 너처럼 아이일까? 어때? 이 친구의 도움을 받고 싶어? 잠시 생각해 봐.

"좋아! 그럼 나와 함께 어디 좀 갈래? 우리 땅꼬마 요정들을 찾아와서 무거운 마음을 털어놓는 사람이 그렇게 많지는 않아. 우리는 사람들이 많이 와 줬으면 좋겠어. 안 그러면 우리 요정들은 할 일이 없거든. 우리 내면의 평화도 유지하기가 어려워지고. 자, 가자! 내가 작은 구멍 하나를 보여 줄게. 그 구멍을 통해 내 친구들이 하는 일을 들여다볼 수 있어. 어서어서."

땅꼬마 요정이 급하다는 듯 재촉해. 너는 기꺼이 요정을 따라가. 요정은 바람에 떨어진 두꺼운 나뭇가지를 훌쩍훌쩍 넘어가며 앞으로 가. 뒤처지지 않으려면 너도 빨리 걸어야 해. 이 작은 친구는 그곳을 잘 아는지 거침이 없어. 잠시 후 땅꼬마 요정이 걸음을 멈춰. 너희 앞에는 몸통이 잘려 나간 나무 그루터기가 있어. 크기가 큰 걸 보니 옛날에는 아주 큰 나무였나 봐. 그루터기 속은 우묵하게 비어 있어.

"여기야. 여길 한번 들여다봐. 내 동료들이 일하는 모습이 보일 거야."

요정이 나무 그루터기 속을 가리키며 말해. 너는 가까이 가서 허리를 굽혀 그루터기 속을 들여다봐. 확대경을 통해 보는 것 같아. 아주 깊지만 마치 가까이에 있는 것처럼 분명하게 보여. 자세히 보니 많은 땅꼬마 요정이 나무 화물차 주변을 분주하게 왔다 갔다 하고 있어. 화물차들은 기찻길 같은 길을 따라 움직여. 기차가 다니는 풍경을 모형으로 만들어 놓은 것과 비슷해.

"화물차들이 거의 비어 있는 게 보이지? 그건 우리 땅꼬마 요정들이 할 일이 별로 없다는 뜻이야. 이건 별로 좋지 않아."

땅꼬마 요정이 이어서 말해.

"그거 알아? 걱정이 많거나 불안한 사람은 그 걱정

과 불안을 이 땅에 덜어 놓을 수 있어. 그러면 우리가 그걸 땅 어머니 속 깊은 곳으로 운반하지. 우리 땅 어머니는 그걸 영양분으로 바꾸셔. 너도 알고 있을지도 모르지만, 식물은 인간이 한 번 마시고 내뱉은 공기를 들이마신 다음 신선한 공기로 바꿔서 다시 뿜어내지. 인간에게 쓸모가 없어진 걸 받아서 인간에게 좋은 걸로 바꿔 주는 거야.

　　우리 땅 어머니도 똑같아. 땅 어머니는 사람들의 마음을 무겁게 하는 감정들을 받아서 믿음과 기쁨으로 바꿔 다시 선물하시지. 문제는 걱정과 불안을 가지고 와서 바꿔 달라고 하는 사람이 점점 줄어들고 있다는 거야. 지금은 땅 어머니가 바꿀 것도, 우리 땅꼬마 요정들이 운반할 것도 별로 없어. 너도 그게 보이지? 하지만 우리는 이 일을 아주 좋아해. 기쁨을 만드는 일이잖아! 그래서 말인데, 내가 너의 걱정과 불안을 가져가도 될까? 우리 화물차를 채우고 싶어!"

　　네가 그렇게 해 준다면 땅 어머니와 땅꼬마 요정들이 정말 좋아할 거야. 너를 도울 수 있으니까. 너의 안 좋은 기분을 넘겨주는 게 어때? 그러면 너는 마음이 가벼워지고 기분이 좋아질 거야. 땅꼬마 요정들도 기뻐할 테고. 어때? 괜찮지 않아?

천천히 생각해 봐. 지금 네 몸은 어때? 왠지 무겁지 않니? 지금 걱정되는 게 있어? 왠지 모르게 불안하니? 네 몸의 어디가 제일 무겁고 불안한 거 같아? 혹시 몸 전체가 다 무거워? 그 무거움과 불안감을 어서 빨리 버리고 싶니? 그럼 그것들을 전부 불러 모아 봐.

땅꼬마 요정이 어디서 돌멩이 하나를 가져와. 그걸 네 다리에 가져다 대. 돌멩이가 너무 커서 요정이 낑낑대고 있어. 개미가 자기 몸보다 훨씬 큰 물건을 옮기는 것 같아. 돌멩이를 받아 줘. 그래야 할 것 같아. 네가 돌멩이를 들어 주자 땅꼬마 요정이 말해.

"휴! 고마워. 내가 너를 위해 가져온 돌멩이야. 네 몸을 짓누르고 있는 것, 혹은 너를 슬프게 하는 걸 이 돌멩이에게 건네주면 좋겠어! 숨을 들이쉬면서 마음속에 있는 그것들을 끌어 올린 다음, 돌멩이를 향해 세 번 숨을 내뿜으면 돼. 내뿜지 않고 그냥 돌멩이 속으로 보낸다고 생각만 해도 괜찮아. 그렇게 하는 사람도 많거든. 어떤 사람은 돌멩이를 이마에 대고 숨을 한 번 쉬면서 그것들을 돌멩이 속으로 보내기도 하지. 또 어떤 사람은 돌멩이를 심장에 대고 두 손으로 꾹 누르기도 해. 가슴을 짓누르고 있는 걸 돌멩이 속으로 보내는 거지. 너는 어떻게 할 거야? 혹시 다른 좋은 생각이 있어? 네 생각대로 해도 괜찮아."

잠시 생각해 보렴. 그리고 나서 네가 하고 싶은 대로 하면 돼. 네가 원하는 방식으로 무거운 네 기분을 돌멩이에게 넘겨줘.

너는 훨씬 가벼워졌어. 기분이 아주 좋아. 땅꼬마 요정도 기뻐서 폴짝폴짝 뛰는 게 보여? 네가 제대로 잘한 게 분명해. 땅꼬마 요정이 저렇게 기뻐하는 걸 보면 말이야. 요정의 얼굴이 어쩜 저렇게 환해졌을까?

"고마워, 인간 친구! 우리에게 큰 도움이 됐어! 이제 돌멩이를 여기 이 구멍에 넣어."

그러고 보니 나무 그루터기 옆에 나뭇가지가 하나 꽂혀 있는데 속이 비어 있어. 우편함 같은 건가 봐. 너는 돌멩이를 그 안에 넣어. 돌멩이가 아래로 굴러떨어지자 저 밑에 있는 다른 땅꼬마 요정들이 폴짝폴짝 뛰면서 기뻐해. 네 돌멩이는 그들에게 잘 도착했고 그들은 벌써 돌멩이를 살펴보기 시작해.

"요정들이 저 돌멩이를 화물차에 잘 실은 다음 땅속 더 깊은 곳으로 운반할 거야. 여기서는 볼 수 없는 곳이지. 괜찮다면 네가 왔던 곳으로 내가 다시 데려다줄게. 나중에 또 슬프거나 마음이 좋지 않으면 우리를 찾아와 줄래? 우리가 도와줄게. 그게 우리 일이니까. 응? 꼭 다시 와 줄 거지?"

땅꼬마 요정이 간절한 눈으로 말해. 원한다면 고개를 끄덕여 줘. 그리고 고맙다고 말해 주렴. 아니면 다른 하고 싶은 말을 해도 좋아.

이제 헤어져야 할 시간이야. 땅꼬마 요정도 친구들에게 돌아가서 같이 일해야 하거든. 땅꼬마 요정이 지긋이 너를 바라보더니 엄지와 검지를 맞대고 손가락을 튕겨. 딱!

다시 오늘 이 여행을 시작했던 아름다운 풍경 속으로 돌아왔어. 네가 좋아하는 그곳을 한 번 더 둘러보고 공기도 마셔 보렴. 너는 지금 몸이 가볍고 기분이 좋아.

그 기분 좋은 느낌을 충분히 만끽해 봐.

끝으로 숨을 세 번 깊이 들이쉬고 내쉬렴. 한 번씩 숨을 쉴 때마다 조금씩 여기로 돌아오는 거야. 네가 어디에 있는지 그리고 네 옆에 누가 있는지 느껴 봐. 지금 여기로 완전히 돌아와 손과 발을 움직이고 기지개를 켜면서 스트레칭을 해 봐. 그런 다음 천천히 눈을 뜨렴.

너의 하루가 기쁨으로 가득하기를, 너의 삶이 기쁨으로 가득하기를!

모닥불 의식

이 여행은 주고받는 작은 의식(ritual)을 통해 아이가 부정적인 감정을 없애고 스스로 치유하는 법을 깨닫도록 안내한다. 나아가 긍정적인 감정을 불러일으키고 소망하는 법을 알려 준다.

．
．
．
．
．
．

편한 자세를 취하렴. 앉아도 되고 누워도 돼. 원한다면 따뜻하게 담요를 덮으렴. 이제 눈을 감고 상상력을 발휘해 보자. 숨을 세 번 깊이 들이쉬고 내쉬어. 숨을 들이쉬고 내쉴 때마다 네가 좋아하는 곳으로 더 가까이 가는 거야. 거기서 이 여행을 시작해 보자.

너는 지금 아름답고 드넓은 여름 들판에 서 있어. 햇살은 적당히 따뜻하고 하늘에서는 새들이 지저귀고 곤충들이 꽃들 사이를 윙윙대며 날아다녀. 들판 중앙에 몸통이 두껍고 가지가 하늘 높이 무성하게 자란 나무 한 그루가 서 있어. 아주 특별한 나무 같아. 그렇다면 그

나무가 있는 곳도 아주 특별한 곳이겠지. 너는 그곳으로 가고 싶어.

그쪽으로 가는 길이 없는 것 같아? 그럼 네가 풀들 사이로 길을 내 보렴. 무슨 나무인지 알겠어? 혹시 이름이 있을까? 나무껍질을 만져 봐. 껍질의 무늬를 쓰다듬어 보고 이파리도 만져 봐. 하지만 뜯거나 꺾으면 안 돼! 손으로 만질 수 있는 데까지만 만져 보고 어떤 느낌인지 느껴 봐.

"좋아!"

갑자기 누군가의 말소리가 들려. 뭐지?

"좋아! 왔구나. 여기야 여기! 위를 봐!"

나무 위 이파리들 사이에 작고 푸른 친구가 하나 있어. 장난꾸러기 같은 표정으로 너를 보며 웃고 있어.

"잘 왔어! 우리는 아이들이 오는 게 좋아. 선물을 줄 수 있으니까! 우리랑 함께 멋진 일 하나 해 볼래? 잘 하면 변신도 가능해!"

그 작은 친구는 뭔가 특별한 빛을 내고 있어. 그래서인지 믿음이 가. 곧 아주 좋은 일이 생길 것 같아. 너는 그 친구에게 그러겠다고 해.

"그럼 나와 함께 내가 사는 세상으로 가 보자. 거기

서 우리는 불 의식을 치르게 될 거야. 그러려면 네가 사는 세상에서 물건 두 개를 가지고 가야 해. 불에 태울 수 있는 걸로 말이야. 나뭇잎이나 나뭇가지나 뭐 그런 거면 아무거나 다 좋아. 잠깐 시간을 줄 테니까 찾아봐. 찾았으면 그것들을 가지고 내가 있는 이 나무 위로 올라와. 알았지?"

너는 주위를 둘려보며 땅에 떨어진 가지나 이파리가 있는지 살펴봐. 아니면 혹시 도토리나 호두가 있을까? 낙엽이나 나무뿌리 밑에 숨겨져 있을 수도 있으니까 발로 흙을 헤치면서 잘 찾아봐. 너는 네가 찾은 물건 두 개를 가지고 나무 위로 올라가. 올라가 보니 굵은 나무 몸통 안에 커다란 구멍이 나 있고 작고 푸른 친구가 즐겁게 그 구멍 안을 오르락내리락하고 있어.

"여기서부터 신나게 미끄럼을 타고 내려가는 거야. 그렇게 빠르진 않으니까 무서워하진 마. 심장이 콩닥콩닥 뛸 정도지. 너도 좋아할 거야. 저 아래 끝까지 내려가면 곧 조그맣고 신성한 숲이 보일 거야. 작은 마법의 숲이야. 중앙에 공터가 있는데, 거기에서 누가 우리를 기다리고 있을 거야!"

너희는 손을 잡고 서로를 보며 한 번 웃어. 그리고

나무 몸통 속으로 미끄러져 내려가. 깊이깊이 내려가. 속도가 꽤 빨라. 어두워서 거의 아무것도 볼 수 없지만 무섭지는 않아! 새로 사귄 친구가 따뜻한 손으로 네 손을 꼭 잡아 주고 있으니까.

어느새 점점 밝아지더니 너희는 나무 몸통 밖으로 미끄러져 나와. 너희 앞에 정말로 작은 숲이 있어. 그 숲 안에서 빛이 깜빡거리는 게 보여. 숲으로 곧장 이어지는 작은 길이 있는데, 그 길 저편에 작은 모닥불이 타고 있어. 푸른 친구가 한 번 더 네 손을 꼭 잡더니 말해.

"자, 가자!"

너희는 숲 중앙에서 타고 있는 모닥불을 향해 가. 모닥불이 점점 가까워져. 모닥불 옆에 누군가 앉아서 너희를 기다리고 있는 게 보여. 나이 많은 요정이야. 요정은 여자 같기도 하고 남자 같기도 해. 가까이 가서 자세히 살펴봐. 얼굴이 아주 젊어 보여도 꼭 젊지 않을 수도 있어. 자연 속 친구들은 대개 나이보다 훨씬 젊어 보이거든. 그때 요정이 말해.

"우리 땅 어머니와 자연은 우리에게 주고받는 법을 가르쳐 주셔. 여기서 우리는 뭔가를 주고받을 거야. 그래서 이 모닥불이 필요하단다. 그리고 의식도 치러야 해. 그 전에 네가 한 가지 생각해 줄 게 있단다. 뭔가 잘 안되는 일, 자꾸 신경이 쓰이는 일, 화가 나는 일, 혹은 너를 슬프게 하는 일을 하나 생각해 보겠니? 혹시 너는 동생이나 누나 혹은 형을 화나게 했고 그래서 지금 미안해하고 있지는 않니? 혹시 밖에서 운동하거나 놀 때 금방 숨이 차올라 마음껏 놀 수 없어서 속상하니?

뭐든 좋아. 그런 일 하나가 떠올랐다면 그걸 이 모닥불 속에 던져 버리기로 결정할 수 있어. 불이 그걸 태워서 다른 새로운 것으로 만들어 낼 거야. 동생이 자꾸 귀찮게 해서 네가 짜증을 냈다면 너의 너그럽지 못함을 이 불 속에 던져 버릴 수 있어. 혹은 네가 다른 누군가에게 못되게 굴었다면 그런 못되게 군 행동을 불 속에 던져 버릴 수도 있지. 달릴 때 숨이 차다면 그것도 던져 버릴 수 있겠지?

결정했으면 네가 가지고 온 물건들을 봐. 둘 중 어떤 게 지금 네가 불 속으로 던져 버리고 싶은 일과 더 잘 어울리는 것 같아? 두 손으로 그 물건을 입가로 가져가. 그 자세로 네가 버리고 싶은 일을 한 번 더 떠올린 다음 그걸 입 앞에 있는 물건 속으로 불어넣어. 입김을 세 번 세게 부는 거야. 그런 다음 그 물건을 모닥불에 던져 넣어. 그것이 타들어 가는 걸 지켜봐."

　"누군가에게 뭔가를 주거나 뭔가를 포기할 때 새로운 것이 생겨날 공간이 만들어진단다. 그건 아주 좋은 일이야. 네가 뭔가를 소망할 수 있다는 뜻이니까! 그러기 위해서 우리는 네가 가지고 온 나머지 물건을 사용할 거야. 그걸로 무언가를 초대할 수 있어. 앞으로 늘 너와 함께할 것 말이야.

　혹시 너는 다른 아이들만큼 그림을 잘 그리지 못하니? 아니면 학교 교실에서 오래 앉아 있으면 너무 지루해? 혹시 너랑 놀기 싫어하는 아이가 있니? 너를 놀리는 아이가 있어? 괜찮아. 이제 너는 지금 있는 그대로 너를 사랑해 줄 친구를 초대할 수 있어! 그림을 잘 그릴 수 있도록 좋은 생각이 떠오르게 해 달라고 할 수도 있어. 아니면 지루함이 사라지게 인내심을 초대해 보는 건 어떨까?

　지금 네가 가장 바라는 게 무엇인지 잘 생각해 봐. 무엇을 가지면 좋을 것 같아? 결정했다면 나머지 한 물건을 두 손으로 잡고 입 앞으로 들어 올려. 그리고 네가 정말 초대하고 싶은 걸 다시 떠올려 봐. 그걸 입가에 있는 물건 속으로 불어 넣어. 아까처럼 해 보는 거야.

이제 그 물건도 불 속에 던져 넣어. 물건이 타면서 연기가 피어오르는 모습을 관찰해 봐. 네 소망이 연기를 타고 너를 도와줄 수많은 친구에게 도달할 거야. 우리 주변에는 언제나 우리를 도와줄 친구들이 있지. 그 친구들은 너를 위해 무엇을 해야 할지 잘 알고 있단다."

너는 잠시 타오르는 모닥불을 조용히 지켜봐. 모닥불은 네가 가져온 두 물건을 태우면서 네 소망을 들어주려 애쓰고 있어.

✺

작고 푸른 친구가 네 옷자락을 잡으며 돌아갈 시간이라고 속삭여. 너를 도와준 모닥불과 나이 많은 요정에게 감사를 전하라고 말해. 원한다면 너의 소망을 들어줄 다른 많은 친구에게도 감사의 마음을 전하렴.

✺

집에 돌아갈 시간이야. 너는 작별 인사를 해. 작고 푸른 친구가 너를 다시 커다란 나무가 있는 들판으로 데려갈 거야. 원한다면 떠나기 전에 숲의 공터를 한 번 더 둘러보렴. 잊어버리지 않게 말이야.

　　너희는 함께 숲을 나와 아까 타고 내려온 나무로 돌아가. 멀리서 보니 나무 몸통 안에 계단이 나 있고 에스컬레이터처럼 위로 올라가고 있어. 작고 푸른 친구가 웃으며 너를 계단 위로 밀어 줘. 그리고 자기도 함께 올라가. 너희는 거대한 나무 속에서 점점 위로 올라가. 주위가 조금씩 밝아 오고 너는 다시 새들이 지저귀고 곤충들이 윙윙대는 소리를 들어. 너희는 나무 몸통 밖으로 기어 나와.

　　이제 작고 푸른 친구와도 헤어질 시간이야. 괜찮아. 금방 또 만날 수 있어. 너는 언제든 여기로 돌아올 수 있어. 네가 원한다면 말이야! 작고 푸른 친구에게 고맙다고 말하렴. 더 하고 싶은 말이 있으면 해도 돼. 한 번 껴안아 줄 수도 있겠지? 너희는 서로를 바라보며 환하게 미소 지어. 너는 나무 몸통을 타고 내려와. 다시 이 여행을 시작했던 여름 들판으로 왔어. 원한다면 나무를 한 번 더 바라보렴. 손을 흔들며 인사를 건네.

　　천천히 숨을 세 번 들이쉬고 내쉬렴. 숨을 쉴 때마다 지금 편하게 앉거나 누워 있는 몸을 느껴 봐. 너는 지금 어느 방에 있지? 손가락과 발가락을 천천히 움직여 봐. 원한다면 기지개를 켜도 좋아. 그런 다음 천천히 눈을 떠. 모닥불과 친구들이 너에게 준 선물에 감사하렴.

너의 하루가 기쁨으로 가득하기를, 너의 삶이 기쁨으로 가득하기를!

바다표범과 보물 상자

이 여행을 통해 아이는 자신감을 얻고 어둠 속에서도
무서워할 필요가 없음을 알게 된다.

⋮

바닷물에 들어가 본 적 있니? 깊게는 아니라도 물안경
을 끼고 숨 대롱을 물고 바닷속을 들여다본 적 있어? 바
닷속은 아주 특별하지. 그곳에서만 살 수 있는 신기하
게 생긴 친구들이 많아. 물고기들이 휙휙 지나가고 해
파리들이 둥둥 떠다니고 바닥에는 작은 게들이 걸어 다
녀. 다른 동물들도 아주 많아.

그중에서 최고로 수영과 잠수를 잘하는 동물을 꼽
으라면 바로 바다표범일 거야. 바다표범의 비밀이 뭔지
알아? 바다표범을 만나서 한번 들어 볼래? 그럼 먼저
네 안으로 들어가 보자. 그런 다음 바다로 가서 육지에
서는 할 수 없는 기적 같은 일을 경험해 보는 거야.

편하게 앉거나 누우렴. 숨을 세 번 깊이 들이쉬고
내쉬어. 그리고 눈을 감아. 잠시 네가 어떻게 숨을 쉬는

지 느껴 봐. 네가 쉬려고 하지 않아도 숨은 저절로 쉬어지지. 코로 공기가 들어와 목과 가슴을 지나 배로 내려가. 그다음 다시 배에서 가슴과 코를 지나 밖으로 나오지. 네가 어떻게 숨을 쉬는지 한번 느껴 봐. 그러면 조금씩 마음이 차분해지고 평화로워질 거야. 그 평화로운 마음을 즐겨 봐.

꠱

너는 지금 아름다운 해변을 걷고 있어. 발에 닿는 모래가 아주 따뜻해. 조개가 참 많아. 목을 스치는 바람과 얼굴에 닿는 햇살을 느껴 봐. 파도가 계속 해변으로 밀려왔다 밀려가. 바다도 너처럼 숨을 쉬나 봐. 공기처럼 파도도 들어왔다 나갔다 해. 너는 바다를 바라봐. 부드럽게 밀려오는 파도를 봐. 공기에서 짠맛이 느껴져.

그때 바닷물 속에서 둥근 머리 하나가 불쑥 올라와. 물 밖에 뭐가 있나 하고 살펴보는 것 같아. 크고 검은 눈을 가진 귀여운 얼굴이 너를 바라봐. 바다표범이야! 너는 오늘 운이 좋은 것 같아! 바다표범이 너에게로 천천히 헤엄쳐 오고 있어. 해변에 도착해서 모래 위에 몸을 굴려. 눈이 밤하늘처럼 검고 깊어. 그리고 아름다워. 그 눈이 너를 향해 찡긋해. 너무 예뻐서 당장이라도 만져 보고 싶어. 바다표범은 육식동물이지만 너는 전혀 무섭지 않아. 무섭기는커녕 너무 귀여운걸. 목소리도 아주 부드러워.

"_____야, 바닷가에서 너를 만나다니 정말 좋다. 여기서 하루 종일 누군가 나타나 주길 기다리고 있었거든. 같이 놀려고 말이야. 혹시 바쁘니? 안 바쁘면 나랑 놀래?"

당연히 너는 바쁘지 않아. 그리고 바다표범이 같이 놀자고 하는데 바쁘다고 할 사람이 세상에 어디 있겠어? 너는 열렬히 고개를 끄덕여. 바다표범은 옆으로 누운 채 기뻐서 꼬리를 마구 흔들어. 바다표범이 물어.

"그럼 나랑 같이 수영할래? 나는 육지에서는 잘 움직일 수 없거든. 너희 인간들은 걷기도 잘하고 수영도 잘하잖아. 나한테는 물속이 훨씬 좋아."

너는 또 한 번 고개를 끄덕여. 물속에서 바다표범과 함께 논다니 멋질 것 같아. 바다표범이 눈을 반짝이더니 몸을 굴려 물속으로 들어가. 너도 바다표범을 믿고 따라가. 발과 발목에 찰랑이는 파도를 느끼며 너는 더 깊이 물속으로 들어가. 생각보다 물이 따뜻해서 편안한 기분이야.

물속에 들어오자 바다표범이 네 주위를 돌며 헤엄을 쳐. 육지에서와 달리 물속에서는 전혀 둔하지 않아. 정반대야. 믿을 수 없이 빠르고 우아해. 네 주변을 빙빙 돌다가 틈틈이 물 밖으로 고개를 내밀어 네 얼굴을 살펴. 바다표범이 말해.

"나를 꽉 잡아."

너는 바다표범이 너를 끌고 갈 수 있게 두 손으로 목을 꽉 붙잡아. 너희는 물살을 가르며 헤엄쳐. 이렇게 빠르게 수영하기는 처음이야! 바다표범은 굉장히 힘이 세고 꼬리를 아주 빨리 흔들 수 있어서 너를 태우고 가는 것쯤은 문제도 아니야. 너는 그냥 바다표범을 꽉 붙잡고만 있으면 돼. 너희는 파도를 가르기도 하고 회전목마를 타듯 빙빙 돌기도 하다가 지그재그로 물살을 가르면서 놀아. 너희는 마치 모터보트만큼 빨라. 너희는 아주 신이 났어!

"나랑 같이 잠수도 해 볼래?"

바다표범이 물어. 너는 어두운 물속이 무서워서 잠시 고민해. 바다표범은 네가 왜 그러는지 금방 알아차려. 그리고 네가 자기 얼굴을 볼 수 있게 너와 마주 보며 헤엄치기 시작해.

"내 눈을 깊이 들여다봐. 내 눈은 아주 어둡지. 하지만 어둠 속에서도 뭔가 반짝이는 게 있을 거야. 내 눈은 살아 있어. 그리고 친절하지. 그렇지?"

맞는 말이야. 너는 고개를 끄덕여.

"물속도 마냥 어둡기만 하진 않아. 내 말을 믿어 볼래? 물속에도 반짝이는 게 있어. 친절한 물고기들을 비롯해 다른 재밌는 것들이 많아. 한번 들어가 보자. 너도 좋아할 거야!"

좋아! 너는 용기를 내 바다표범을 꽉 붙잡고 숨을 깊이 들이쉬어. 그리고 바다표범과 함께 물속으로 잠수해. 깊이 들어갈수록 어두워. 하지만 참 아름답기도 해. 깊은 물속은 정말 고요해. 은빛 물고기가 지나가. 투명한 해파리도 지나가. 지금 막 다른 바다표범들도 나타났어. 네가 용기를 내 바다표범의 왕국으로 와 줘서 다들 기뻐하고 있어. 바다표범들이 여기저기서 헤엄치다가 너를 둘러싸며 같이 놀자고 해. 귀여운 주둥이로 너를 살짝 건드리기도 해.

그때 작은 바위산이 하나 보여. 바위산 아래에는 나무로 된 작은 보물 상자가 하나 있어. 오래된 물건 같

아. 낡은 상자 군데군데 조개들이 붙어 있고 푸른 해초들도 자라고 있어. 열쇠 구멍에는 황금 열쇠가 꽂혀 있어. 바다표범 친구가 말해.

"우리는 저걸 열 수가 없어. 하지만 너라면 열 수 있을 거야. 네 손은 멋진 도구니까."

정말이야. 네가 작은 황금 열쇠를 돌리니까 상자 뚜껑이 열리고 환한 빛이 터져 나와. 너는 안을 들여다 봐. 바다표범들도 서로 보겠다고 몰려들어. 상자 안에는 크고 반짝이는 진주가 하나 들어 있어. 어두운 바닷속에서 빛을 내는 모습이 너무 아름다워. 놀란 바다표범들의 눈이 훨씬 더 커진 것 같아. 너도 신비한 그 빛에 아주 놀라고 있어. 바다표범 친구가 말해.

"이 진주는 네 거야. 가지고 가."

너는 진주를 만져 봐. 손안에 꼭 들어오는 크기야. 그리고 신기하게도 따뜻해. 너는 진주를 가슴에 가져다 대. 빛이 더 강해져. 진주가 네 가슴을 따뜻하게 어루만져 주어서 너는 아주 편안해져. 진주가 네 심장 속으로 녹아 들어가. 네 가슴이 빛과 온기로 가득해져. 이제 네 손에는 아무것도 없어. 하지만 너는 네 안에 있는 빛과 평화를 느껴. 저절로 미소가 떠올라. 놀라서 너를 바라보던 바다표범들도 미소를 지어. 바다표범들은 네가 진주를 발견했다는 사실과 그 진주의 힘이 네 안에 살아 있음을 아주 기뻐해.

너희는 다 함께 헤엄쳐서 물 위로 올라와. 너는 숨을 깊이 한 번 들이쉬어. 바다표범들이 물 밖에서 너를 둘러싼 채 너를 바라보고 있어. 착한 친구들의 얼굴이야. 바다표범 친구가 말해.

"네 안에 있는 진주가 항상 빛을 낼 거야. 그러니 어두울 때도 괜찮겠지? 너는 까만 내 눈 속에서 밝게 빛나는 걸 찾았지. 그리고 어둠 속에도 아름다운 게 많고 빛도 있다는 걸 알게 됐어."

바다표범들이 한 마리씩 너에게 주둥이를 살짝 가져다 대며 작별 인사를 해. 그리고 다시 바닷속으로 잠수해 들어가. 너의 바다표범 친구는 남아서 너와 함께 해변으로 헤엄쳐 가.

"너와 함께 굉장히 멋진 모험을 한 것 같아. 나중에 또 같이 놀자. 우리와 함께 놀아 줘서 고마웠어. 용기를 내 나와 함께 잠수해 준 것도 정말 고마웠어!"

너는 한 번 더 친구를 껴안으며 작별 인사를 해. 더 하고 싶은 말이 있다면 친구의 귓가에다 속삭이렴(바다표범의 귀는 찾기가 쉽지 않을 거야).

❧

이제 물 밖으로 나오렴. 너는 먼바다로 헤엄쳐 가는 바다표범을 바라봐. 손을 흔들어 주고 물속으로 들어가는 걸 지켜봐 줘. 너는 다시 모래사장에 있어. 발에 닿는 부드러운 모래와 피부에 닿는 햇살을 느껴 보렴. 숨을 세 번 깊이 들이쉬고 내쉬어. 네 안에서 너를 따뜻하게 해 주고 있는 빛을 한 번 더 느껴 보렴. 그리고 천천히 눈을 떠.

너의 하루가 기쁨으로 가득하기를, 너의 삶이 눈부시게 빛나기를!

물 할머니와 마법의 호수

아이의 내면에 맑은 감정과 평온함을 되찾아 주는 여행이다. 아이가 지나치게 흥분해 있거나 불안, 슬픔, 화를 주체하지 못할 때 시도해 보면 도움이 된다.

:

편한 자세를 취하렴. 그런 다음 너 자신과 네 감정과 잠시 함께 있어 보는 거야. 어딘가에 기대도 되고 등을 펴고 똑바로 앉아도 좋아. 부드러운 담요나 동물 인형 등네가 좋아하는 걸 안고 있어도 괜찮아. 이제 눈을 감고네 안으로 여행을 떠나 보자.

너는 지금 어떤 들판에 서 있어. 주변을 둘러보고 공기도 마셔 봐. 무슨 소리가 들리지 않니? 냄새는 어때? 풀향기나 꽃향기가 날 수도 있어. 무슨 소리가 들려? 새소리? 아니면 곤충이 날아다니는 소리? 혹시 동물 소리가 나지는 않아? 지금이 어떤 계절인 것 같아?
들판에 오솔길이 하나 나 있어. 작은 숲으로 이어

지는 오솔길이야. 너는 그 길을 따라 숲 앞에 도착했어. 길은 다시 숲속으로 이어져. 길과 양옆의 나무들을 살펴봐. 길이 어때? 나뭇잎으로 가득해? 아니면 돌길이야? 나뭇가지와 이파리 사이로 햇살이 비치니? 너는 숲속 깊은 곳으로 계속 걸어 들어가. 멀리서 물소리가 들려. 폭포에서 물이 떨어지는 소리 같아. 너는 폭포를 보려고 계속 걸어가.

이제 너는 숲속 공터에 와 있어. 거기에 폭포가 있고 폭포 아래로 햇빛에 반짝이는 작은 호수가 있어. 폭포 위 암석들을 봐. 호수 가까이 가 봐. 그때 폭포 소리 틈새로 따뜻하고 사랑스러운 목소리가 들려와.

"어서 와. 와 줘서 정말 고맙구나!"

주위를 둘러봐도 아무도 없어.

"나는 바로 앞에 있어. 나는 물 할머니란다. 이 호수의 물이 어떨 것 같아? 두 손을 한번 담가 보렴. 물이 너를 기분 좋게 해 줄 거야."

부드러운 목소리를 듣고서 너는 그 말대로 해 보고 싶어. 물은 생각보다 차갑지 않고 느낌이 좋아. 호수에 손을 담그고 있는데 다시 또 그 목소리가 말해.

"여기는 사람들이 힘을 얻어 가는 곳이야. 원한다

196

면 지금 네가 느끼고 있는 감정을 나에게 줘도 돼. 나는 그걸 기꺼이 받을 거야. 그게 뭐든 그냥 나에게 줘! 어떻게 주냐고? 이 호수에 발을 담그든 뛰어들든 원하는 대로 하면 돼. 이 호수는 그렇게 깊지 않아! 물장구를 치며 수영해도 돼. 깨끗하고 따뜻한 이 물로 네 몸을 씻을 수도 있지. 나에게 주고 싶은 감정이 네 몸 어디에 가장 많은 것 같아? 그 부분을 씻는 게 제일 좋아. 혹시 배가 아프거나 가슴이 답답하니? 머릿속이 울리거나 복잡해? 생각이 많고 이런저런 감정이 몰려오면 그럴 수 있어. 그렇다면 머리를 물속에 담가 보는 것도 좋아. 아주 잠깐만 말이야. 그러면 내가 네 생각을 깨끗하게 정리해 줄 수 있어."

물 할머니 말대로 너의 몸을 잘 느껴 봐. 몸을 짓누르는 게 있어? 걱정되는 게 있어? 아니면 불안한 일이 있니? 그 걱정과 불안을 몸 어디에서 가장 크게 느끼는 것 같아? 그 부분 혹은 아픈 부분을 호수의 물로 씻어 봐. 그러면 걱정과 불안이 물속으로 흘러 들어갈 거야. 어디라고 할 것도 없이 몸 전체가 다 무거워? 그렇다면 걱정과 불안을 모두 끌어 올린 다음 한꺼번에 씻어 봐. 원한다면 쏟아지는 물 아래로 들어가 샤워하듯 몸을 씻

197

는 것도 좋아. 한번 해 볼래?

너는 몸이 한결 가벼워졌어. 산뜻한 느낌이야. 기분이 좋아. 물 할머니도 네 기분을 알고 함께 기뻐해. 호수 안에 서 있거나 수영하는 동안 어쩐지 호숫물이 흐뭇해하며 너를 향해 미소 짓는 것 같아. 은빛으로 반짝이는 물 할머니가 따뜻하게 네 온몸을 감싸 줘. 너를 아주 많이 사랑하는 사람의 두 팔에 안겨 있는 기분이야.

"집으로 돌아갈 시간이구나. 나한테 와 줘서 고마웠단다. 나는 늘 여기서 너를 기다리고 있을 거야. 내가 필요할 때면 언제든 찾아오렴."

너는 호수 밖으로 헤엄쳐 나와. 잠시 호숫가에 서서 발밑의 단단한 땅을 느껴 볼래? 혹시 비 맞은 강아지처럼 온몸을 한번 털어 보고 싶지 않니? 원한다면 호숫물에게 감사의 말을 전해도 좋아. 그리고 작별 인사를 하렴.

너는 작은 숲길을 걸어 다시 이 여행을 시작했던

들판으로 나와. 혹시 계절이나 날씨가 바뀌었니? 동물이 보이거나 소리가 들려? 혹시 냄새가 달라지진 않았니? 걸어오면서 주변을 잘 느껴 보렴.

이제 숨을 세 번 깊이 들이쉬고 내쉬어. 숨을 내쉴 때마다 네가 지금 편하게 앉거나 누워 있는 이곳으로 조금씩 돌아와. 손발을 움직이고 기지개를 켜 봐. 그리고 천천히 눈을 뜨렴.

너의 하루가 기쁨으로 가득하기를, 너의 삶이 기쁨으로 가득하기를!

어린 양과 마술 피리

이 여행은 아이에게 다른 사람을 이해하고 도움으로
써 큰 용기를 얻을 수 있음을 가르쳐 준다.

원하는 곳에 편하게 앉으렴. 담요와 베개를 가져와서
누워도 좋아. 이제 눈을 감고 숨을 세 번 깊이 들이쉬고
내쉬어 봐.

너는 지금 푸르고 아름다운 들판에 앉아 있어. 들
판 끝에 숲이 있어. 여기저기 색색의 꽃이 자라고 있고
곤충들이 활기차게 날아다녀. 숲에서는 새들이 나무 위
에서 지저귀는 소리가 들려. 탁 트인 파란 하늘 위에는
커다란 태양이 빛나고 있어. 네 얼굴, 목, 어깨, 팔, 손에
서도 햇살의 따스함이 느껴져. 가슴, 등, 다리, 발가락까
지 온몸이 따뜻해지는 것 같아.

네 숨을 따라가 봐. 숨이 저절로 쉬어지는 걸 알겠니? 콧속, 목 안, 가슴 안에서 공기가 느껴지니? 숨을 들이쉬고 내쉴 때마다 배가 조금 부풀었다가 꺼지는 걸 느껴 보렴.

멀리서 무언가가 조용히 우는 소리가 들려. 누군가 아파하는 것 같아. 뭐지? 너는 자리에서 일어나 귀를 기울여. 그리고 소리가 들리는 쪽으로 걸어가. 조금 걷다 보니 어린 양 한 마리가 들판에 앉아 있어. 혼자 울고 있는 걸 보니 슬픈 일이 있는 게 틀림없어. 눈에서 굵은 눈물방울이 떨어져. 무슨 일일까? 너는 곁에 앉아서 조심스럽게 어린 양의 머리와 등을 쓰다듬어. 털이 아주 부드러워. 너는 어린 양에게 왜 울고 있느냐고 물어봐. 양이 훌쩍이며 말해.

"다른 양들이 다 사라졌어. 저 숲 너머로 사라졌어. 거기에 있는 풀이 부드러워서 뜯어 먹기 좋거든. 하지만 나는 저 어두운 숲이 무서워서 갈 수가 없어. 뱀이나 늑대 같은 무서운 동물이 많기 때문이야. 도토리를 던지는 다람쥐도 있어."

어린 양이 훌쩍거리더니 아예 엉엉 울기 시작해. 너는 두 팔로 어린 양을 안고 위로해. 다람쥐는 무서운 동물이 아니고 뱀이랑 늑대도 많지 않을 거라고 말해 줘. 너는 계속 어린 양의 작은 머리를 쓰다듬으며 걱정할 필요 없다고 안심시켜 줘. 그러자 어린 양이 울음을 그쳐. 더 이상 혼자가 아니라고 느껴서인지 너에게 다가와 몸을 비벼. 기분이 좋아진 것 같아. 원한다면 어린 양을 두 팔로 한 번 더 안아 주렴.

저쪽에서 커다란 숫양이 뛰어오는 게 보여. 둥글게 말린 두꺼운 뿔이 마치 양쪽 머리에 자란 거대한 귀 같아. 숫양이 너희를 발견하곤 헐떡이며 말해.

"아가야, 우리는 숲 저 너머에 도착해서야 네가 없어진 걸 알아차렸단다. 그래서 내가 서둘러 너를 데리러 왔지. 그새 좋은 친구를 사귄 것 같구나."

어린 양은 숲이 무서워서 들어가지 못하고 들판에 남았다고 설명해. 그러자 커다란 숫양이 말해.

"음, 그렇다면 나한테 좋은 생각이 있단다. 내가 너처럼 아주 작았을 때 할머니께서 해 주신 이야기란다.

저 숲에는 마술 피리가 있다고 해. 세 개의 둥근 돌 아래 숨겨져 있는데, 그 피리 소리를 들으면 용기가 생긴다고 하더구나."

어린 양이 물어.

"하지만 피리가 숲속에 있는데 제가 어떻게 찾으러 가요?"

숫양은 어린 양 가까이 고개를 숙이고는 부드럽게 말해.

"내가 같이 가 줄 거야."

이어서 너를 보며 말해.

"네 새 친구도 같이 가 줄 테고 말이야. 그렇지?"

어린 양이 너를 보며 같이 가 줄 거라고 믿는다는 듯 고개를 끄덕여. 이렇게 작고 귀여운 동물이 도와 달라는데 당연히 넌 도와주겠지? 너도 고개를 끄덕여. 너희는 함께 걷기 시작해. 숫양이 앞장서고 너와 어린 양이 나란히 그 뒤를 따라가. 숲은 꽤 어두워 보여. 하지만 너는 학교에서 배워서 잘 알고 있지? 숲은 위험하지 않고 그곳에 사는 동물들도 전혀 무섭지 않다는 걸 말이야. 너는 걸으면서 계속 어린 양에게 괜찮다고 말하며 용기를 줘.

너희는 숲에 도착했어. 커다란 나무들이 하늘 높이 자라서 녹색 지붕을 만들고 있어. 전나무이파리 냄새가 가득해. 땅이 그 이파리로 뒤덮여 있어서 걷기에 아주 푹신푹신해. 어린 양은 불안한지 조금 떨어. 너는 어린 양의 작은 머리를 또 한 번 부드럽게 쓰다듬어 줘. 그러자 조금 괜찮아 보여. 너처럼 멋진 친구를 둬서 어린 양은 참 좋을 것 같아!

여기저기서 수풀이 바람에 흔들리는 소리, 쥐들이 쥐구멍을 들락날락하는 소리가 들려. 어떤 나무 뒤에서 붉은 여우가 고개를 내밀더니 금방 다시 숨어 버려. 높은 곳에서는 딱따구리들이 나무를 쪼아 대. 어린 양은 다시 불안해 보여. 하지만 다행히 커다란 떡갈나무 아래에 숫양이 말한 둥근 돌 세 개가 보여. 너희 셋은 함께 떡갈나무로 달려가. 네가 살짝 돌을 들어 옆으로 치우자 나무로 만든 피리가 보여. 마술 피리야! 무늬가 아주 아름다워. 가죽끈이 달려 있어서 목에 걸 수도 있어.

"노래 한 곡 불러 줘!"

어린 양이 기대에 찬 목소리로 너에게 부탁해.

"그래, 한번 불어 보렴. 이 피리를 불기에 내 앞발보

다네 손가락이 더 좋을 것 같구나."

숫양도 부탁하며 미소를 지어. 너는 입에 피리를 물고 불기 시작해. 어떻게 피리를 불어야 하고 또 어떤 곡을 불어야 하는지 모르지만 저절로 소리가 흘러나와. 부드러운 피리 소리가 나무 사이를 떠다녀. 정말 신비로워! 갑자기 숲속이 아주 고요해져. 모든 동물이 하던 일을 멈추고 네 피리 소리를 듣고 있어. 어린 양은 눈이 동그래져서 너를 쳐다보다가 땅바닥에 웅크리더니 두 눈을 감고 집중해서 네 피리 소리를 들어. 숫양도 신비로운 피리 소리에 꿈꾸는 듯한 표정으로 꼼짝하지 않고 서서 네 피리 소리를 들어.

너는 눈을 감고 계속 피리를 불어. 어쩐지 마음을 차분하게 하고 평화롭게 하는 소리야. 너희는 이제 무서울 게 없어. 너희에게는 서로가 있고 이 피리 소리가 있으니까. 네가 피리 불기를 멈추자 모두가 눈을 떠. 너희 주변에 동물들이 모여 있어. 흰색 줄무늬 오소리, 노란 주둥이 지빠귀 새, 아까 본 수줍음 많던 여우, 서로 손을 잡고 있는 생쥐 두 마리, 꼬리털이 무성한 다람쥐가 앉아 있어. 그 옆에는 크고 믿음직하고 사랑스러운 회색 늑대가 무릎을 구부린 채 앉아 있고, 바로 옆에 아름다운 뱀이 똬리를 틀고 있어. 어린 양은 약간 움찔하지만 아까 들은 피리 소리 덕분에 차분함을 잃지는 않아.

늑대가 부드러운 목소리로 말해.

"무서워하지 마. 나는 그냥 아름다운 소리를 듣고 싶어서 온 것뿐이야. 우리 늑대들은 음악을 사랑해. 그래서 밤마다 큰 소리로 같이 울지. 나는 절대로 너희를 해치지 않아!"

뱀도 쉭쉭 소리를 내며 말해.

"우리 뱀들은 음악 소리만이 아니라 땅을 통해 진동까지 느껴. 그 진동이 얼마나 아름다운지 몰라! 아무도 해칠 생각은 없어! 나를 믿어 줘."

어린 양은 아직 의심스러운 표정이야. 너는 어린 양에게 안심하라고 고개를 끄덕여 줘. 정말 다 괜찮아! 용기를 불어넣어 주는 마술 피리 소리를 다른 동물들도 좋아하는 것뿐이야. 어린 양이 다람쥐를 보며 마른침을 꿀꺽 삼킨 뒤 물어.

"다람쥐 너도? 너도 나한테 도토리를 던지지 않을 거지?"

다람쥐가 가까이 뛰어오더니 미소를 지으며 말해.

"우리가 도토리를 던지는 건 같이 놀고 싶어서 그

러는 거야. 무서웠다면 미안해. 사과할게. 우리 친구가 될 수 있을까?"

어린 양이 힘차게 고개를 끄덕여. 어린 양은 늑대와 뱀도 다른 동물들처럼 똑같이 사랑스럽다는 걸 알게 됐어. 그리고 다람쥐가 전혀 이상하지 않고 오히려 아주 착하고 귀엽다는 것도 알게 됐어. 어린 양이 점점 용감해지고 편안해지는 게 보여.

늑대가 작별 인사를 하더니 나무들 사이로 사라져. 다른 동물들도 "안녕!" 하고 인사를 건넨 뒤 가족과 친구들에게 돌아가. 너와 숫양은 어린 양과 함께 숲을 가로지르며 가던 길을 계속 가. 어린 양을 다른 양들이 기다리고 있는 곳으로 데리고 가려는 거야. 마침내 숲 반대편에 도착했어. 어린 양이 너에게 고맙다고 해.

"너의 마술 피리 소리를 절대 잊지 않을 거야. 그렇게 나도 강해질 거야!"

너는 어린 양에게 잘 가라고 인사하고 다시 한번 머리를 부드럽게 쓰다듬어 줘. 고개를 끄덕이며 인사하는 숫양에게도 손을 흔들어 준 다음 숲으로 돌아가. 그때 목에 걸려 있던 피리가 빛나기 시작하더니 작은 황금 불꽃이 되어 요정들의 마법 가루처럼 사라져. 한 번

이라도 용기의 노래를 들은 사람은 그 소리를 절대로 잊을 수 없어. 영원히 그 힘을 간직할 수 있어서 이제 피리는 필요 없어.

너는 다시 푸른 들판에 도착했어. 숨을 깊이 들이쉬고 내쉬면서 지금 얼마나 행복한지 느껴 봐. 들판의 양처럼, 좋아하는 노래를 듣는 늑대처럼, 새 친구를 사귄 다람쥐처럼, 땅에서 음악의 진동을 느낄 수 있는 뱀처럼, 너도 얼마나 행복한지 느껴 봐. 이제 숨을 세 번 깊이 들이쉬고 내쉬렴. 그리고 천천히 눈을 떠.

너의 하루가 기쁨으로 가득하기를, 네가 용감하게 살아가기를!

소원을 들어주는 공기

이 여행은 아이가 세상과 연결되어 있음을 알게 해
주고, 모든 존재를 위해 소망하는 법을 알려 준다.

⋮

가만히 눈을 감고 상상해 봐. 어떤 사람이 너에게 속눈
썹 하나를 내밀면서 소원을 빌어 보라고 하면 어떨 것
같아? 좋을 것 같아? 그때 네 몸에서 어떤 일이 일어날
것 같아? 그 느낌을 꼭 기억해 줘. 소원이 금방 떠오를
것 같아? 아니면 조금 생각해 본 다음 제일 중요한 소원
을 빌고 싶어? 소원이 아주 많이 떠오를 것 같아? 아니
면 아무리 생각해도 소원이 뭔지 모를 것 같아? 잠깐 생
각해 봐.

편한 자세를 취하렴. 네가 좋아하는 장소로 가서
편하게 앉거나 누워 봐. 네가 편안하게 느끼는 게 중요
하니까 무엇이든 네가 원하는 대로 하렴.

너는 지금 어떤 들판에 서 있어. 하늘은 파랗고 눈앞이 탁 트였어. 햇살이 좋고 산들바람이 불어와. 바람이 네 얼굴과 머리카락을 부드럽게 쓰다듬어. 주변이 온통 초록빛이야. 멀리 크고 작은 언덕들이 보여. 어떤 언덕은 진짜 높아서 꼭대기로 이어지는 길이 꽤 가팔라 보여. 하지만 어떤 언덕은 납작하고 길이 언덕을 빙 둘러 있어서 오르기 편할 것 같아. 잘 살펴보고 오르고 싶은 언덕을 하나 골라 봐. 오늘은 어떤 언덕이 좋을 것 같아? 왠지 끌리는 언덕이 있어?

너는 네가 고른 그 언덕을 오르고 있어. 길이 어때? 잘 포장되어 있어? 아니면 돌길이야? 그냥 흙길일 수도 있겠네. 혹시 풀들이 납작하게 누워 있는 길이야? 사람들이 많이 지나간 길이면 그럴 수 있지. 주위를 둘러봐. 잘 보고 들어 보렴. 냄새도 맡아 봐.

바람이 네 뺨과 머리카락을 부드럽게 어루만져. 그런데 바람결에 무슨 소리가 들리는 것 같아. 뭔가가 아주 낮게 속삭이는 소리야. 쉿! 잘 들어 봐.

"안녕? 푸른 언덕의 땅에 온 걸 환영해! 네가 여기에 와 주다니 정말 좋구나!"

주변을 둘러보지만 아무도 없어. 바람이 다시 네

머리카락을 쓰다듬어. 바람이 네 귀를 스치는 순간 또 한 번 소리가 들려.

"나야, 공기! 나로 말할 것 같으면, 나만큼 움직이길 좋아하는 건 세상에 없을 거야. 네가 저 꼭대기까지 올라간다니 아주 기뻐! 나는 움직이는 걸 좋아하니까 너랑 같이 갈게!"

자기가 여기 있다는 걸 증명이라도 하려는 듯 공기는 어딘가에서 아름다운 나비 두 마리를 데리고 와. 나비들이 나풀나풀 네 주변을 맴돌더니 네 옆에 꼭 붙어서 날아가. 나비의 날개 색과 무늬를 잘 살펴봐. 어때? 그때 또 소리가 들려.

"산꼭대기에 도착하면 작은 의식(ritual)을 하나 보여 줄게! 나는 세상의 모든 것을 서로 연결해 준단다. 사람과 사람도 연결해 주지! 숨을 들이쉬고 내쉴 때마다 너희는 숨 쉬는 다른 모든 존재와 연결되는 거야. 숨을 쉬면서 서로 만나고 소통하고 함께 살아가지."

공기의 말을 주의 깊게 듣다 보니 어느덧 언덕 위에 가까워졌어. 곧 도착할 것 같아. 공기가 보여 줄 의식이 무엇인지 궁금하지? 그런데 넌 의식이 무엇인지 알고 있어? 그게 무엇이든 재밌을 것 같지 않아?

언덕 위에 도착했어. 언덕 한가운데에 예쁜 그릇이 하나 놓여 있고 그 안에 무언가가 움직이고 있어. 가까이 가 보니 그릇에서 깃털 세 개가 춤을 추고 있어. 부드럽고 경쾌하게 부는 바람에 깃털들이 함께 춤을 추고 있는 것처럼 보여. 공기가 다시 네 귀에 대고 속삭여.

"예뻐, 그렇지? 깃털은 공기 중에서 움직이는 존재들을 보호하지. 너도 알지? 깃털이 있어서 새들이 날 수 있다는 걸 말이야. 깃털은 얇고 만질만질해서 물이 스며들지 않아. 그래서 새들은 빗속을 날거나 호수에 빠져도 크게 젖지 않아. 그런데 공기 중에서 움직이는 게 꼭 새들만은 아니란다. 너의 생각이나 상상이나 소원이나 기도도 공기 속에서 자유롭게 움직여. 때로는 시끄럽게 앵앵대면서 말이지. 알고 있니? 너의 소원과 기도를 하늘 높이 그리고 세상으로 가져가 주는 게 바로 이 깃털들이야. 깃털 중 하나를 골라 봐. 그걸로 의식을 시작할 거야."

너는 세 개의 깃털을 자세히 살펴본 다음 그중 하나를 골라 그릇에서 꺼내. 잠시 네 몸이 어떤지 느껴 봐. 여행을 시작할 때 누군가 속눈썹을 내밀면서 소원을 빌라고 하면 어떨 것 같은지 물었던 걸 기억해? 이제 너를 위해 무언가를 소원하고 바랄 때가 됐어. 소원을 떠올리면서 네 몸이 어떤지 다시 한번 느껴 봐. 몸 어딘가가 간지럽거나 흥분하거나 기뻐하는 것 같지 않아? 아까랑 어떻게 다른 거 같아? 잘 느껴 봐. 그런 다음 두 손으로 깃털을 포개어 잡고 손 틈새로 숨을 세 번 후 하고 불어넣어. 한 번씩 불 때마다 깃털에 숨과 함께 너의 소원도 같이 전하는 거야.

이제 손을 열고 마지막으로 깃털을 후 하고 불어서 세상 속으로 날려 보내. 바람이 깃털을 어떻게 날리는지, 깃털과 함께 네 소원이 어떻게 날아가는지 잘 지켜봐.

"이번에는 네가 정말 사랑해서 뭔가 좋은 걸 선물해 주고 싶은 사람을 한 명 떠올려 봐. 혹시 지금 도움이 필요하거나 조금 아픈 사람이 있니? 그 사람을 위한 소원을 하나 생각해. 남은 깃털 중 하나를 집어 들고 방금 했던 것처럼 손 위에 깃털을 올려놓은 채 두 손을 모아. 그런 다음 네 몸을 느껴 봐. 몸이 간질거리거나 기쁘지 않은지 느껴 보는 거야. 충분히 느꼈다면, 손안에 있는 깃털을 향해 숨을 세 번 불어넣어. 그리고 손을 펴서 다시 한번 후 하고 너의 소원을 세상 속으로 날려 보내!"

꼭

너를 둘러싼 공기가 얼마나 행복해하는지 느껴지니? 그 기분이 너에게도 전염되는 것 같아. 너도 지금 정말 기분이 좋아. 너무 신나서 심장이 콩닥콩닥 뛰는 것 같아.

"이제 마지막 깃털을 집어 들어 봐. 이 깃털은 우리가 살고 있는 지구를 위한 거란다. 지구를 위해 네가 바라는 게 무엇인지 생각해 봐. 공기를 만들어 내는 식물들을 위해, 깃털 달린 친구들을 위해, 혹은 다른 동물들을 위해 네가 바라는 게 무엇인지 생각해 보는 거야. 그들을 위한 너의 기도가 세상을 더 좋게 만들어 줄 거야!"

너는 잠시 네 몸을 느껴. 그런 다음 후 하고 깃털에 세 번 숨을 불어넣으면서 너의 소원을 전해. 이어서 깃털과 함께 너의 소원을 세상으로 날려 보내!

다음 순간 바람이 너를 부드럽게 감싸더니 조심조심 너를 하늘로 띄워 올려. 너를 언덕 아래로 데리고 가.

덕분에 너는 쉽게 언덕 아래로 내려왔어. 마지막으로 공기가 너에게 말해.

"집에 갈 시간이구나. 너는 오늘 아주 멋진 소원을 세상에 날려 보냈어. 그 순간을 함께할 수 있어서 기뻤단다. 다음에 또 네가 나를 찾아와 주면 기쁠 것 같아. 어쩌면 다음번에는 누군가를 데리고 와도 좋겠지? 더 많은 사람이 소원을 보낼수록 세상은 점점 더 좋아질 테니까."

이제 숨을 세 번 깊이 들이쉬고 내쉬렴. 한 번씩 숨을 들이쉬고 내쉴 때마다 그 숨을 통해 네가 다른 모든 것과 연결되어 있음을 알게 될 거야. 그런 다음 지금 네가 편하게 앉거나 누워 있는 이곳으로 돌아오렴. 손과 발을 움직여 봐. 기지개를 켜고 천천히 눈을 뜨렴.

너의 하루가 기쁨으로 가득하기를, 너의 삶이 기쁨으로 가득하기를!

800살 나무 친구

이 여행을 통해 아이는 숲속을 탐험하면서 자연과 교감하고 상호작용하는 법을 배울 수 있다. 더불어 자연이 얼마나 소중한지 알게 된다.

.
.
.
.
.
.

편하게 앉으렴. 의자에 앉아도 되고 소파에 앉아도 좋아. 아니면 바닥에 양반다리를 하고 앉아도 좋아. 네가 편한 대로 하렴. 원한다면 누워도 좋아. 중요한 건 편안한 기분을 느끼는 거야.

　이제 숨을 세 번 깊이 들이쉬고 내쉬렴. 공기가 네 코와 가슴을 통과해 배까지 내려갔다가 다시 밖으로 나오는 걸 느껴 봐. 코가 살짝 간지러울 수도 있어. 배가 조금 부풀었다가 꺼지는 게 느껴지니? 숨을 쉴 때 어떤 느낌이 드는지 잘 살펴봐.

　다시 평소처럼 숨을 쉬어. 점점 머릿속이 조용해질 거야. 너는 이제 아주 고요해! 잔잔한 파도처럼 들어왔다 나가는 숨소리만 남아 있을 뿐이야.

너는 지금 아름다운 여름 숲속을 산책하고 있어. 주변이 온통 초록색이고 생동감이 넘쳐. 나뭇잎 사이로 햇살이 내려오고, 새들이 지저귀고, 여기저기서 다람쥐들이 나무 위를 오르락내리락해. 맑고 싱그러운 공기에서 향기로운 냄새가 나. 건강해지는 기분이야.

너는 숲을 가로지르는 구불구불한 오솔길을 맨발로 걸어. 발에 닿는 땅이 따뜻하고 부드러워. 잠시 집중해서 땅의 감촉을 느껴 볼래? 시들어 떨어진 나뭇잎이나 작은 나뭇가지를 밟으면 어때? 발 마사지를 받는 것 같지 않아? 아주 시원하지? 너는 계속 걸으며 한낮의 여름을, 초록빛 사이를 관통하는 햇살을, 신선한 공기를 만끽해.

그때 옆에서 나뭇가지 부러지는 소리가 나더니 무언가 하얀 게 쉭 하고 지나가. 고개를 돌려 보니 벌써 사라지고 없어. 뭐지? 너는 걷기를 멈추고 나무 사이를 살펴봐. 아무것도 없어. 너는 다시 가던 길을 가. 또다시 뭔가가 딱 하고 부러지는 소리가 나. 이번에는 반대쪽이야. 스스슥 하고 나무 이파리들이 쓸려 가는 소리가 나더니 크고 하얀 무언가가 쉭 하고 나타났다 사라져.

이상하긴 하지만 이 숲에서 무서워할 건 아무것도 없어. 너는 그걸 잘 알아. 숲에서는 모두가 친절해. 오솔길은 폭신하고 햇살은 따뜻하고 동물들은 너에게 미소를 보내. 새들은 너를 위해 노래하지. 여기서는 정말 나쁜 일이 하나도 일어나지 않아!

그런데 방금 본 그 하얀 그림자는 대체 뭘까? 호기심이 생긴 너는 몸을 돌려 가며 주위를 살펴봐. 그리고 다시 원래 가려던 방향으로 몸을 돌렸는데 앞에 엄청나게 크고 하얀 사슴 한 마리가 서 있어. 털, 발, 뿔, 전부 다 눈처럼 하얘. 두 눈만 깊고 따뜻한 갈색이야. 혹시 예전에 이 사슴을 만난 적 있지 않아? 다른 여행에서 말이야. 그랬다면 알겠지? 맞아. 바로 숲의 왕이야!

사슴이 고개를 숙여 네 눈을 들여다봐. 그리고 부드러운 목소리로 말해.

"_____야, 다시 우리 숲에 와 주어서 정말 기뻐. 우리는 친구가 오면 언제나 기뻐하지. 시간 좀 있니? 누굴 좀 소개해 주고 싶거든."

너는 고개를 끄덕여. 너에게는 시간이 많아. 바쁜

일도 없고 어디를 꼭 가야 하는 것도 아니지. 단지 너는 숲속을 걷고 싶었을 뿐이야.

"그럼 같이 가자."

사슴이 몸을 돌려 앞장서 걷기 시작해. 처음에 너는 뒤를 따라가다가 이내 사슴 옆에서 나란히 걸어. 그런 너에게 사슴이 미소를 보내. 그리고 네 어깨에 자기 머리를 비벼. 너희는 아름답고 폭신한 길을 따라 계속 같이 걸어. 혹시 사슴에게 물어보고 싶은 게 있어? 사슴은 숲의 왕이고 지혜롭기로 유명해. 같이 걷고 있으니 원한다면 대화를 나눠 봐도 좋을 거야.

짧은 산책이 끝나고 너희는 목적지에 도착해. 너희는 지금 숲으로 둘러싸인 어떤 들판에 와 있어. 꽃이 가득한 커다란 들판이야. 그 한가운데에 크고 튼튼해 보이는 떡갈나무 한 그루가 서 있어. 사슴이 말해.

"다 왔어. 저기 있는 친구가 내가 소개하고 싶은 친구야. 저 친구가 자기 자신에 대해 그리고 너에 대해 몇 가지 이야기를 들려줄 거야. 왜냐하면 너희 둘은 서로 단단히 연결되어 있거든."

너는 주변을 둘러봐. 아무도 없어.

"누구 말이에요?"

너는 사슴에게 묻고 싶지만 사슴은 이미 사라지고 없어. 눈 깜짝할 사이에 사라져 버렸어. 천천히 너는 들판 가운데를 향해 가. 도대체 누가 있다는 거지? 너는 주위를 둘러봐. 들판 한가운데에 도착해서는 나무 주변을 살펴봐. 아무도 없어. 나무를 한 바퀴 둘러봐도 아무것도 보이지 않아. 그때 갑자기 아주아주 깊고 견고하고 조금은 삐걱거리는 듯한 소리가 들려와.

"모두가 다 너처럼 생기긴 건 아니지. 다리가 없어서 너처럼 걸어 다닐 수 없는 친구도 있단다."

너는 말을 건 게 나무라는 걸 알았어. 나무 몸통에 있는 무늬가 사람 얼굴처럼 보여. 크고 부드러운 눈, 뭉툭한 코, 큰 입이 너를 보며 웃고 있어. 다정한 얼굴이야. 아주 친절한 나무 같아.

"흰 사슴이 너를 여기로 데려온 건 내가 너와 이야기를 나눠 보고 싶다고 했기 때문이야. 아이들은 내 목소리를 들을 수 있지. 그거 알아? 나는 이 자리에서 800년 가까이 살았는데 나를 찾아와 이야기 나누는 사람은 언제나 아이들이야. 그래서 기뻐. 나는 아이들을 좋아하거든. 흰 사슴이 우리가 서로 연결되어 있다고 말해 줬을 거야. 그렇지?"

네가 고개를 끄덕이자 나무가 계속 말해.

"왜 그런지 궁금할 거야. 이유를 말해 줄게. 내가 제일 잘하는 건 공기를 깨끗하게 하는 일이야. 숲속에 들어가면 좋은 향기가 나지. 그건 우리 나무들이 공기를 항상 신선하게 유지하기 때문이란다. 우리는 낡은 공기를 마시고 신선한 공기를 토해 내. 사람과는 정반대지. 너희는 신선한 공기를 마신 다음 낡은 공기를 토해 내니까.

너희에게 신선한 공기가 필요하듯이 우리에게는 낡은 공기가 필요해. 말하자면 사람과 나무는 서로에게 필요한 걸 주는 거야. 우린 마치 커다란 동그라미 같아. 시작도 끝도 없는 동그라미. 사람은 나무가 필요하고 나무는 사람이 필요요. 같이 숨을 쉬는 한 우리는 함께 잘 살아갈 수 있어. 한번 숨을 쉬어 보자꾸나. 잠시 나와 같이 숨을 쉬어 보면 너도 알게 될 거야. 함께 숨 쉬는 게 얼마나 멋진 일인지를 말이야."

너는 숨을 몇 번 깊이 들이쉬고 내쉬어. 그러는 동안 나무가 어떻게 숨을 들이쉬고 내쉬는지 지켜보고 소리도 들어. 나무는 너를 위해서, 너는 나무를 위해서 같이 숨 쉬는 거야.

∽✺∾

"아, 좋다."

나무가 깊은 목소리로 말해. 그리고 부드러운 나뭇가지 하나를 늘어뜨려 이파리로 네 코와 목과 가슴과 배를 쓰다듬어. 너는 온몸이 따뜻해지고 숨소리도 더 부드러워져. 초록의 힘이 네 몸속으로 흘러드는 것 같아. 숨쉬기가 편안해져. 나무가 말해.

"나는 언제나 너를 위해 숨 쉴 거야. 내 형제자매들도 그럴 거야. 언제든 네가 숲이나 공원에 와 주면 다들 좋아할 거야. 우리는 너를 위해 언제나 좋은 공기를 만들 테니까 가끔 우리를 생각해 주겠니? 때때로 우리가 만드는 그늘에 앉아서 잠시 우리와 함께 숨을 쉬어 준다면 정말 기쁠 거야. 이제 알겠지. 우리가 어떻게 서로 연결되어 있는지! 우리가 서로를 얼마나 필요로 하는지! 우리는 서로를 돕고 있어."

나무는 다시 나뭇가지를 들어 올려. 바람에 나뭇가지가 가볍게 흔들거려.

"오, 바람!"

나무가 씨익 웃으며 말해.

"바람이 부는 걸 보니 네가 돌아가야 할 시간인가 보구나. 저길 봐. 사슴이 벌써 돌아와 있어."

정말이야. 들판 끝에서 숲의 왕이 너를 기다리고 있어. 너는 나무에게 고맙다고 말하고 작별 인사를 건네. 그리고 사슴에게로 뛰어가. 거기서 다시 한번 몸을 돌려 커다란 나무에게 손을 흔들어 줘. 나무도 나뭇가지를 흔들어 줘. 아니면 바람이 흔드는 걸까?

사슴이 돌아가자는 듯 주둥이로 너를 살짝 건드려. 너희는 함께 왔던 길을 돌아가. 양쪽 길가에 나무들이 많아. 다들 깨끗한 공기를 만드느라 바빠. 너는 큰 소리로 말해.

"고마워요, 나무님들!"

갑자기 사방에서 나무 이파리가 스스슥 소리를 내며 흔들려. 그 모습에 사슴도 미소를 지어. 이렇게 친구가 많다니 얼마나 좋은지 몰라!

너희는 다시 처음 만났던 곳으로 돌아왔어.

"이제 헤어져야 할 시간이구나. 나중에 또 우리 숲을 찾아와 주길 바라. 우리는 언제나 너를 환영할 거야!"

사슴이 한 번 더 자신의 이마를 너의 이마에 비비더니 햇살 속으로 안개처럼 사라져. 조금 전까지 여기 있었는데 지금은 없어. 바람이 나뭇가지를 흔들고 너는 숨을 한 번 더 깊이 들이쉬어. 숲의 향기로운 공기로 네 허파를 가득 채우고 초록의 힘이 네 온몸으로 흘러 들어가게 해. 그리고 천천히 눈을 떠.

너의 하루가 행복하기를, 너의 삶이 행복하기를!

일상에서 할 수 있는 일

앞에서 언급한 대로, 아이에게 명상 여행 중 만났던 동물의 인형이나 장난감을 선물하면 좋다. 특히 '힘을 주는 동물을 찾아서' 편에서 만난 동물 인형이나 장난감은 아이와 동물 사이에 깊은 유대감을 형성하는 데 큰 도움이 된다! 우리 부부는 명상 후에 아이들이 스스로 생각해 낸 짧은 공연을 지켜보길 좋아한다. 아이들이 그날의 명상 경험을 얼마나 잘 이해했는지, 또 자신이 배운 것을 얼마나 부모와 나누고 싶어 하는지를 지켜보는 건 언제나 즐거운 일이다.

　　종종 우리 가족은 낡은 신발 상자, 수채화 물감, 색종이를 이용해 동물 놀이를 하는가 하면 아름다운 그림이나 포스터를 그리기도 한다. 이렇게 하면 아이들이 여행에서 중요하다고 생각했던 장면을 다시금 떠올릴 수 있고 거기서 얻은 지혜와 힘을 강화할 수 있다. 이런 이유로 우리는 아이와 어른이 함께하는 그림 그리기, 공작 활동도 강력하게 추천한다! 학교에서 명상을 가르칠 때도 우리는 먼저 아이들과 함께 힘을 주는 동물을 찾아보고 둥글게 앉아 서로의 경험을 이야기한다. 그런 다음 동물과 함께했던 자신의 경험을 그림으로 표현하도록 한다.

이 책의 모든 여행은 내면에서 펼쳐지는 정신적인 일로서 우리 마음을 움직이고 상상력을 키워 준다. 이러한 내면 여행의 중요한 부분을 실생활로 가져온다면 정신적 경험이 고스란히 아이들의 삶과 세상에 뿌리내릴 수 있다. 그럴 때 이 여행에 담긴 지혜와 힘은 단지 종이 위에 그려진 그림에 그치지 않고 다채로운 현실이 된다. 실제로 존재하고 만지고 느낄 수 있는 살아 있는 무엇이 된다. 어떤 경험이 특별히 인상 깊었고 즐거웠는지 아이 스스로 찾아내게 하자. 그리고 그 경험을 지금 우리가 살고 있는 현실로 가져오자.

예를 들어 주변에서 작은 돌을 하나 찾아 그 돌에 아이의 걱정을 담아 본다. 그런 다음 그 돌을 마당에 묻거나 자연의 아름다운 장소에 가져다 놓는다. 혹은 아이와 함께 모닥불 의식을 치러 볼 수도 있다. 여기에는 어떠한 제한도 없으니 마음껏 상상력을 발휘해 보길 바란다. 분명 아이가 아주 고마워할 것이다.

맺음말

아이에게 책을 읽어 주며 함께 여행하다 보면, 또 그 후에 어땠는지 이야기를 나누다 보면 그 시간이 어른들에게도 마찬가지로 귀한 선물이었음을 알게 된다. 아이들의 상상력에는 한계가 없다. 무엇이든 가능하며 그것이 바로 상상력이 가진 힘이다. 이런 상상력은 어른들에게도 중요하다. 어른들은 상상력을 통해 자신의 어린 시절, 즉 세상의 경이로움에 활짝 열려 있던 순수한 동심과 다시 연결될 수 있기 때문이다. 안타깝게도 우리는 자라는 동안 서서히 열린 마음을 잃어버린다.

지금껏 당신은 아이의 상상력을 가볍게 웃어넘길 뿐 진지하게 받아들이지 않았을지 모른다. 산다는 건 아이들 장난이 아니고, 한눈팔 새 없이 바쁜 삶에 용·난쟁이·말하는 동물 같은 상상의 존재가 들어설 자리는 없다고 생각할 테니 말이다.

하지만 아이다운 상상력은 감정을 알아차리고 조절하는 힘을 길러 준다. 또한 문제를 해결하고 어려운 상황에 잘 대처하도록 도와준다. 이런 상상력을 되찾을

때 우리는 어질러진 아이의 방을 다른 눈으로 바라보게
된다. 곰 인형을 타고 있는 플라스틱 장난감 기사가 새
삼 다르게 보인다. 오랫동안 잊고 지냈던 혹은 억눌렀
던 무언가가 돌연 다시 떠오를 수도 있다. 내면에서 무
한한 상상력이 되살아나면서 완전히 다른 차원의 시간
을 아이와 함께 즐기게 될지도 모른다. 아이와 함께 사
자 등에 올라타고, 나무에게 말을 걸고, 용과 땅꼬마 요
정을 찾아가는 사람은 일상의 문제들에 다가서는 새로
운 접근법 혹은 언어를 갖게 될 것이다.

이 책으로 당신과 당신을 믿고 따르는 아이가 삶을
풍요롭게 해 주는 소중한 순간들을 경험하고 나누었길
바란다. 또한 앞으로도 그러길 바란다.

아이들의 영혼은 창의성과 열린 마음과 놀랄 줄 아
는 마음으로 모든 어른을 매료시킨다. 그런 아이들의
영혼이 온 세상에 가득하기를!

감사의 말

먼저 명상 여행 경험을 공유해 준 모든 아이와 부모에게 감사의 마음을 보낸다. 특히 카야 베르만, 랄러 베르만, 베아터 지몬에게 감사한다. 야생마 명상에 영감을 준 마이라 베크만에게도 감사한다. 또 초등학교에서 명상 수업을 가능하게 해 준 베어벨 푸츠 선생님에게 특별히 고마운 마음을 전한다. 월요일마다 선생님의 교실에서 명상 수업을 할 수 있었던 덕분에 늘 멋지게 한 주를 시작할 수 있었다. 이 수업에서 아이들이 들려준 말과 반짝이던 눈빛이 우리에게 수많은 영감을 주었고 우리 삶을 더없이 풍요롭게 해 주었다!

명상 CD 녹음 제작을 위해 스튜디오를 기꺼이 빌려 준 크리스티안 쾨흘러에게 감사한다. 크리스티안의 편안하고 전문적인 방식 덕분에 우리는 매우 즐겁게 작업할 수 있었다.

끝으로 지난 몇 년간 우리의 모든 세미나를 빛내 준 참석자분, 언제나 좋은 대화 상대가 되어 준 세안 오라이어와 필립 카-곰에게 깊이 감사한다.

너는 절대 혼자가 아니야

2025년 3월 27일 초판 1쇄 발행

지은이 디르크 그로서, 제니 아펠 • 옮긴이 추미란
발행인 박상근(至弘) • 편집인 류지호 • 편집이사 양동민
책임편집 양민호 • 편집 김재호, 김소영, 최호승, 정유리 • 디자인 쿠담디자인
제작 김명환 • 마케팅 김대현, 김대우, 이선호, 류지수 • 관리 윤정안
콘텐츠국 유권준, 김희준
펴낸 곳 불광출판사 (03169) 서울시 종로구 사직로10길 17 인왕빌딩 301호
　　　　대표전화 02) 420-3200 편집부 02) 420-3300 팩시밀리 02) 420-3400
　　　　출판등록 제300-2009-130호(1979. 10. 10.)

ISBN 979-11-7261-149-1 (03180)

값 19,000원